Erik Rønholt

Franske bagateller

Forlaget Cornelia

Franske bagateller
© Erik Rønholt og Cornelia 2013

Tekst: Erik Rønholt
Foto og tegninger: Erik Rønholt
Tilrettelæggelse og omslag: Erik Rønholt
Forlag: Cornelia
Fremstilling: Books on Demand GmbH, Norderstedt, Tyskland

ISBN 978-87-985354-3-0

Andre bøger af Erik Rønholt:

Spil guitar sammen, NNF 1984
Julesjov, NNF 1985 & 1986
Nemme kortspil, NNF 1986
Leg og spil, NNF 1987
Julerier, NNF 1988
Raflebogen, NNF 1989
Læg en kabale, NNF 1989
Lege for voksne, NNF 1990
Papirfoldning, NNF 1990
Kortspil og spillekort, NNF 1992
Familiens bog – om lege og traditioner, Høst & Søn 1993 & 2003
Leg med papir, NNF 1993
Brætspil, NNF 1994
Papirfly, Cornelia 1995
Tricks, fiduser og narrestreger, Cornelia 1998
Dansk Musikpædagogisk Forening 100 år, DMpF 1998
Bogen om pétanque, L&R 1999
Den store spillebog, L&R 2000 & 2003
Have- og skovtursspil, Cornelia 2003
Nemme foldede dyr, Cornelia 2003
Familiens gør-det-selv, Politiken 2006 (sammen med Jens Kam)
Papirfly, Cornelia 2012
Hjulmanden fortæller, Cornelia 2012
Jakobs Hus, Cornelia 2012

Birkedommervej 29, Vester Egede, 4690 Haslev, tlf. 3672 0182
forlagetcornelia@mail.dk forlagetcornelia@gmail.com
www.erikroenholt.dk

Indhold

1. At rejse i Frankrig — side 4
   – om hvorfor Frankrig er et foretrukkent rejsemål

2. Monsieur Haméls garage — side 8
   – om bastilledagen i en meget lille landsby i Normandiet, om calvados og besøget hos den lokale altmuligmand

3. Sankt Hans-fest og vandfald — side 14
   – om en byfest i det østlige Frankrig og om hvidløg

4. Cévennerbjergene — side 18
   – om Frankrigs smukke og øde natur – om gribbe, ørne og bævere

5. Camisarderne — side 23
   – om protestanternes oprør mod den katolske overmagt omkring år 1700

6. Gévaudanuhyret — side 25
   – om et uhyre, der terroriserede en hel egn i Sydfrankrig, om eftersøgningerne og teorierne bag historien

7. Et herberg i højlandet — side 31
   – om blodige begivenheder på en hyggelig landevejskro

8. Æseltur i bjergene — side 35
   – om forfatteren Robert Louis Stevensons rejse med et æsel gennem Frankrigs mest vildsomme egne

9. Ost, ost, ost — side 42
   – om Frankrigs mange oste og lugten i byen Rocquefort

10. Pestmuren — side 46
    – om beboerne i Vaucluse, der i 1721 byggede en mur for at holde pesten ude

11. Pétanque — side 49
    – om det herlige franske kuglespil

12. Den gyldne løve — side 54
    – om et restaurationsbesøg i en lille sydvestfransk landsby

13. Postbud og kunstner — side 57
    – om et ikke helt almindeligt postbud, der viede sit liv til at bygge et besynderligt monument

Forsidebilledet forestiller den lille by Ornans ved Loue-floden.

1. At rejse i Frankrig

Jeg har truffet en del mennesker, som af forskellige grunde har undslået sig for at holde ferie i Frankrig frem for i så mange andre europæiske lande. En af de almindeligste "undskyldninger" for ikke at rejse til Frankrig er: "Jeg forstår ikke fransk." Naturligvis får den, som behersker det franske sprog i en eller anden grad mere ud af rejseoplevelserne end den, som overhovedet ikke har kendskab til det. Men jeg ville da f.eks. ikke undlade at rejse til Kina (hvis jeg ellers fik mulighed for det), blot fordi jeg ikke kan tale kinesisk – og der er da mange mennesker, der har stor fornøjelse af at rejse til Italien, Spanien og Grækenland uden at forstå en smule af sprogene der. Og hvad med alle de turister, der besøger Danmark hvert eneste år? – der er vist heller ikke mange af dem, der forstår vores sære sprog.

At franskmændene kun vil tale fransk og end ikke vil forsøge sig med dansk-fransk-engelsk fingersprog er ikke rigtigt. Der er selvfølgelig mange franskmænd – navnlig af de ældre generationer – som hverken kan eller vil tale andet end deres modersmål, men blandt de yngre generationer er der mange, som er helt vilde med at afprøve den smule engelsk, de har lært i skolen. Blandt de ældre franskmænd er der en udbredt aversion mod tyskere, og ofte bliver man behandlet med en kølig ligegyldighed, indtil de opdager, at man ikke er tysker, så er der ingen problemer. Sprogproblemerne er generelt ikke så store, som man vil gøre dem til, så de manglende franskkundskaber er altså ingen grund til at holde sig fra landet.

Apropos franskmændenes lidt anspændte forhold til tyskerne var vi i 1992 i Frankrig samtidig med, at europamesterskabet i fodbold blev afviklet. Den dag, Danmark havde slået Frankrig ud af EM, var vi bestemt

Det kræver vist ikke de store sprogkundskaber at regne ud, at "Boucherie" betyder slagter.

« Vi er rode, vi er huide...* »

* « Nous sommes rouges, nous sommes blancs ... »

De franske aviser var vildt begejstrede for "de skøre danskeres" sejr ved EM 1992.

ikke særligt populære. På et hotel blev vi afvist, idet de påstod, der ikke var flere værelser, hvilket helt klart ikke passede, og betjeningen var bestemt ikke særlig venlig, der hvor det lykkedes os at få et værelse. Da Danmark så nogle dage senere slog Tyskland og dermed blev europamestre, ville jubelen til gengæld ingen ende tage. Vi blev tiljublet overalt; folk i den lille by, vi boede i, stak hænderne ind gennem bilruderne for at sige tillykke, hos bageren fik vi gratis croissanter etc. - Ikke alene var vi blevet europamestre, men oven i købet var det tyskerne, vi havde vundet over. Det gamle nag over, at det var Danmark, der slog Frankrig ud af EM, var glemt.

En anden hårdnakket myte lyder, at der er dyrt i Frankrig - intet er mere forkert. Hvis man rejser til de kendte steder i Paris eller til de mondæne feriesteder ved Rivieraen - Cannes, Nice etc. - skal man nok komme til at betale priser, som er på (eller over) internationalt niveau, men søger man væk fra de overrendte turistområder, er der ingen tvivl om, at prisniveauet generelt er lavere end i Danmark, hvad enten det gælder dagligvarer, restaurationsbesøg, hotelophold, campingpladser eller andet. Det er faktisk en forskel, der kan mærkes på feriebudgettet.

I mange år hørte jeg selv til den føromtalte gruppe mennesker, som af forskellige grunde ikke havde lyst til at holde ferie i Frankrig. I vores familie holdt vi i årevis ferier i Danmark, men også i Sverige og Norge, hvor vi følte os meget tiltrukket af naturens fred og ro, de store skoves fugle- og dyreliv, søerne og de brusende elve, men efterhånden som vores børn blev større, voksede presset for at tage sydpå så meget, at jeg til sidst nødtvungent gik med til at holde sommerferie i Frankrig – men så skulle det ikke være for langt mod syd. Vi lejede et hus i en lille landsby i Normandiet, og siden har jeg været solgt. Vi benytter nu enhver lejlighed til at tage til Frankrig – nord, syd, øst og vest – nye steder hver gang, og landet er så umådeligt stort, at man aldrig bliver færdig med det – man har hele tiden oplevelser til gode til næste gang. Frankrig er blevet min families og ikke mindst mit foretrukne feriemål, og selv om der efterhånden er flere og flere danskere, som tager til Frankrig, er det alligevel muligt at køre rundt i landet i flere uger uden at møde en eneste af dem – hvis det ellers er det, man ønsker.

Der findes mangfoldige måder at komme til Frankrig på, naturligvis afhængigt af de enkeltes interesser, temperament og økonomiske formåen. Et af problemerne med at rejse til Frankrig er, at ligegyldigt, hvordan man vender og drejer sagen, skal man passere Tyskland for at nå dertil. Det er egentlig synd for Tyskland, at det kun bliver et gennemkørselsland, der skal overstås, før ferien rigtigt begynder, for der er jo mange skønne steder også her, såvel små som store byer med masser af seværdigheder som de smukkeste skove, floder og bjergområder. Ikke desto mindre er der for Frankrigsfarere under alle omstændigheder omkring tusind kilometer Tyskland, som skal passeres, inden man når til "det forjættede land".

Flere og flere kører med biltog fra f.eks. Hamburg, hvor man kører bilen ind i toget, lægger sig i sovevognen og vågner op frisk og udhvilet et godt stykke længere sydpå. Jeg har ikke selv prøvet biltoget, men kender flere, der foretrækker denne løsning. Det er nok en dyr måde at rejse på, men hvis man laver nogle beregninger på, hvad man sparer af udgifter til benzin, forplejning og overnatning undervejs, kan man såmænd nok få lavet et regnestykke, der kan komme til at passe med planerne.

Man kan også rejse med almindeligt tog til Frankrig, eller man kan flyve til en af de større byer og så leje en bil der. Og så er der jo den store gruppe mennesker, der finder morskab i at cykle i Frankrig og bruger ferien til at knokle rundt i bjergene – jo værre des bedre. Jeg kender en ung mand, som i en alder af 16-17 år "ferierede" ved at cykle gennem hele Frankrig til Spanien og tilbage igen, og da hans far udtrykte bekymring for, om de overhovedet fik tid til at se på piger, når de trampede afsted i pedalerne fra morgen til aften, svarede han med en lidt særpræget form for logik, at jo længere, de cyklede, jo flere piger fik de set. Sådan kan man selvfølgelig også se på det. Man møder mange cyklister i bjergene; ikke kun turister med kort og oppakning, men også folk på racercykler og med cykelkasket, solbriller og vanddunke, så de nærmest ligner nogle, der er blevet væk fra hovedfeltet i Tour de France; og på en tur i det sydvestlige Frankrig, hvor vi i bil havde kørt ned ad et bjerg i mindst et kvarter – i stegende hede, mødte vi en racercyklist på vej op ad samme bjerg. Vi havde lidt ondt af manden – men da vi

Mange steder vokser krydderurterne vildt, så man nemt kan få et frisk pift til maden. Her en rosmarin til fri afbenyttelse.

kom nærmere så vi, at han ydermere manglede det ene ben, så vi måtte i allerhøjeste grad beundre hans energi og gåpåmod.

Mine erfaringer med Frankrig bygger på en snes bilferier, hvor vi har bidt i det sure æble og kørt ad det velfungerende tyske motorvejsnet til Frankrig, hvor vi ofte har lejet et hus på landet eller i en mindre by. Andre gange har vi dog kørt rundt i landet og hver dag overnattet et nyt sted – på de mest forskelligartede hoteller, af og til de besynderligste steder, hvor indretningen, betjeningen og hele atmosfæren har givet mange associationer til Fawlty Towers (Halløj på badehotellet). Vores foretrukne ferieform er efterhånden blevet en kombination af de to måder at holde ferie på – først køre rundt i en uges tid, derpå bo fast en eller to uger og så køre hjem i løbet af nogle dage. Det giver lidt mere ro at have et fast tilholdssted i en længere periode frem for at skulle bo på et nyt hotel hver dag – pakke ind og ud osv.
Foretrækker man at bo på forskellige hoteller, er der ingen grund til at reservere plads i forvejen, da man jo så er mere bundet af at nå frem til lige netop den by, og måske finder man noget undervejs, som er mere interessant – dog er det klogt – specielt fredag og lørdag i sæsonen – at reservere værelser, især hvis man vil bo i byer, der ligger ved vandet, hvad enten det er havet eller en flod.

Campingferie i Frankrig har jeg overhovedet ingen erfaring med, men fra pålidelige kilder har jeg hørt mere godt end skidt om de franske campingpladser, men en ting er i hvert fald sikkert: franskmændene er fantastiske til at få deres campingpladser anbragt de allersmukkeste steder.

Pilgrimsbyen Rocamador. Det er en af de mange franske byer, som er bygget op af bjerget. Byen er faktisk i 3 "etager".

Man kan naturligvis rejse til Frankrig på alle årstider, men for de fleste er det jo sommermånederne, der er ferietiden. I juli og august kan der være meget varmt, og i disse to måneder er der også allerflest turister. Vi har i nogle år haft muligheden for at tage afsted i juni måned, og på mange måder er det en dejlig årstid: det er ikke så bragende varmt, der er ikke overrendt af turister, leje af feriebolig er billigere, men til gengæld er de fleste arrangementer som f.eks. byfester, festivals og lignende som regel placeret i juli og august.

Der er efter min mening mange, mange grunde til at foretrække Frankrig frem for alle mulige andre rejsemål, og det er da heller ikke tilfældigt, at det er blevet et af danskernes yndlingsferiemål.

Franske bagateller må endelig ikke betragtes som en Frankrigsguide, men blot lidt løst og fast om Frankrig – lidt franske oplevelser, lidt historier, lidt historie, lidt kultur – som forhåbentlig kan give andre blod på tanden til nye oplevelser i et stort og spændende land.

Med bogens spredte rejseindtryk og -oplevelser håber jeg, det vil fremgå, hvad det blandt andet er, der får flere og flere danskere til at rejse denne vej. Og hvis jeg hermed kan give motivation til andre, der går med tanker om at rejse til Frankrig eller til "gamle" Frankrigsfarere, som trænger til fornyet inspiration til turen, er målet med bogen nået.

2. Monsieur Hamèls garage

Mit første rigtige møde med Frankrig var som nævnt i indledningen en sommerferie i Normandiet. Denne egn har måske ikke den mest fremmedartede natur set med danske øjne: der er ingen rigtige bjerge, og området ligger nord for grænsen for vindyrkning, men til gengæld er det en smuk, venlig og frodig egn med bølgende marker og bugnende frugtplantager overalt.

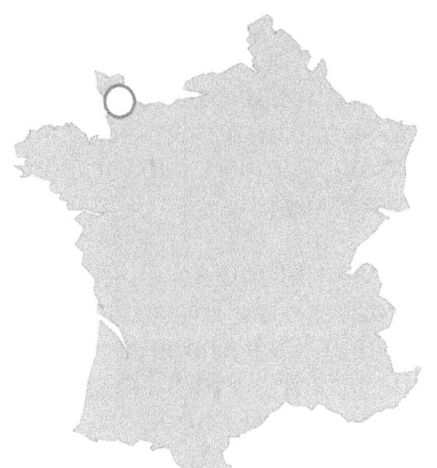

Normandiet dækker det meste af den franske nordkyst og deles op i to regioner: Normandie Haute mod øst og Normandie Basse, som er den vestligste del med Cotentin-halvøen, som strækker sig ud i Kanalen mellem England og Frankrig.

De brede, dejlige sandstrande i Normandiet er alle tiders badestrande, men tidevandet kan være meget voldsomt. Der kan være op til seks meters forskel på flod og ebbe, så hvis man den ene dag har fundet et herligt badested, kan man risikere, at man overhovedet ikke kan se vandet den næste dag – end ikke med kikkert. Visse steder og på bestemte tider kan højvandet komme så hurtigt, at man ikke kan løbe fra det. De badelystne skal nu ikke lade sig afskrække, men blot være opmærksom på de advarselsskilte, der er sat op på de udsatte steder.

Normandiet er en af de regioner, som stadig er voldsomt præget af begivenhederne under den anden verdenskrig. Det var her, de allierede styrkers invasion fandt sted den 6. juni 1944 – D-dagen. I løbet af tre uger landsattes over en strækning på 80 kilometer brede sandstrande ikke færre end 850.000 soldater, støttet af 1.200 krigsskibe og 10.000 fly! Strandstrækningerne bærer stadig de navne, de fik under invasionen navnene Omaha, Utah, Gold, Juno og Sword. Mange soldater var skudt eller druknede før de nåede land på trods af, at det bestemt ikke var her, tyskerne havde ventet, at angrebet ville finde sted. Der er nemlig ingen større havne på denne kyststrækning, og afstanden til England er betydeligt større end f.eks. ved Pas-de-Calais, hvor den tyske befæstning var væsentligt bedre.
Som så mange andre dele af landet blev Normandiet udsat for voldsomme ødelæggelser i denne afsluttende fase af krigen – mange byer blev totalt udslettet, og de mange kirkegårde i området – både amerikanske, engelsk-canadiske, polske og tyske – med endeløse rækker af kors med unge mænds navn, rang, fødsels- og dødsdag – minder til stadighed én om de frygtelige kampe, som fandt sted her.

Landskabet i Normandiet er som sagt frodigt og frugtbart, og mellem markerne og frugtplantagerne er der hække og levende hegn. Man siger, at de engelske soldater følte sig rigtig godt hjemme i dette landskab, som mindede om det sydlige England, hvorimod de amerikanske soldater, som var vant til større vidder, var ved at få klaustrofobi og blive skøre, for hver gang de krøb gennem en hæk, fik de blot øje på en ny længere fremme. Man forstår godt denne fornemmelse, for når man kører rundt i området, kan man godt komme til at savne lidt udsyn – man kan blive helt irriteret over, at der hele tiden er nye forhindringer for et smukt vue ud over landskabet. Til gengæld er der meget smukt, når man kommer ud til kysterne, hvad enten det er de forrevne klippekyster i den nordlige ende af Cotentin-halvøen eller de føromtalte sandstrande, hvor invasionen fandt sted, og først når man står ved Utah Beach eller Omaha Beach, fatter man rigtigt, hvilket utroligt projekt det var, som de allierede styrker under general Eisenhower blev kastet ud i.

På vej til Utah Beach gjorde vi holdt ved et af egnens talrige mindesmærker - en bronzestatue forestillende en soldat, der står med bøjet hoved. Vi forsøgte uden held at hakke os igennem de første ord på den bastante granitsokkel, indtil det gik op for os, at inskriptionen var affattet på dansk, hvilket vi jo mindst af alt ventede: "Til minde om 200 danske søfolks deltagelse i invasionen juni 1944" - og så naturligvis med fransk oversættelse nedenunder.

Der bliver naturligvis også slået plat på krigens begivenheder. Der er flere landgangsmuseer, som nok kan have deres berettigelse. Her ser man våben, udstyr, dias og film, men man finder også en landgangsbar - Bar le Débarquement - og der er helikopterrundflyvninger og salg af de mest smagløse souvenirs, som f.eks. "landgangskager" eller dukker iført engelske marineuniformer - med flødekarameller indbygget i huen.

Der var også meget blandede meninger om de officielle arrangementer i 1994 i forbindelse med 50-års dagen for invasionen, hvor Dronning Elisabeth, Bill Clinton og François Mitterand blandt mange andre deltog, men en del af krigens veteraner ønskede ikke at deltage, da de mente der var for meget show, i stedet for at man blot skulle mindes de mange faldne.

Bastilledagen den 14. juli er en ganske anden, men ikke mindre blodig mærkedag i Frankrigs historie, og siden 1880 har den været Frankrigs officielle nationaldag. Bastillen - la Bastille - opførtes af Charles den Femte i slutningen af 1300-tallet som et led i befæstningen af Paris. Fra 1660'erne anvendtes fæstningen som fængsel, hvor modstanderne af enevældet blev anbragt. Som optakt til den franske revolution i 1789 stormedes bastillen af den parisiske befolkning, som bogstaveligt talt jævnede den med jorden.

Bastilledagen fejres i alle egne af Frankrig, men på meget forskellig vis. Vi tilbragte sommerferien i den ganske lille landsby Orglandes i det vestligste af Normandiets departementer, Manche. Byen, som højst har et par hundrede indbyggere, består af lidt huse, en butik med dagligvarer (ikke mindst vin og ost), en kirke med tilhørende kirkegård, samt i udkanten af byen en af Normandiets fire store, tyske kirkegårde. Her hviler nogle af de ialt 75.000 tyske soldater, som ligger begravet i Normandiet.

På pladsen foran kirken hang et opslag om, at der skulle afholdes asfaltbal på Bastilledagen, så vi mente, det var en passende måde at fejre dagen på. Uheldigvis blev det regnvejr på selve dagen, så asfaltballet blev flyttet ind i en garage i landsbyen. Uden på garagen var der hængt en kæde med kulørte pærer op, og indenfor

Indgangen til "festlokalet".

havde man for at skabe lidt diskoteksstemning anbragt et katastrofeblink, som hvert andet sekund sendte et vildt, skærende orange glimt i øjnene på festdeltagerne. Garagen var så stor, at de omkring 30 festdeltagere sagtens kunne være der, og i den ene ende var der opstillet en primitiv bardisk og et bord, hvorpå der stod en pladespiller, som henrykkede de dansende med musik fra "fransktoppen" og de seneste års melodi-grand prix. Mens byens ungdom rasede på dansegulvet, sad damerne på en bænk og gnæggede, og herrerne stod i baren og fik en lille en. Min familie og jeg var så absolut de eneste ikke-indfødte, og ved baren faldt jeg hurtigt i snak med den lokale altmuligmand, Louis Hamèl. "Faldt i snak med" er måske en kraftig overdrivelse, for den dialekt, som befolkningen betjente sig af, lå så langt fra det franske sprog, jeg havde fået kendskab til i gymnasiet for mange år siden. Blandt de lyde, som jeg trods alt opfattede var ordet "Calva" – altså Calvados – navnet på såvel et af Normandiets departementer som områdets berømte æblebrændevin. Jeg smilede venligt og forstående, og han gav tegn til, at jeg skulle følge med ham.

Monsieur Hamèl boede lige ved siden af, og jeg blev ført ind i hans hjem, hvor en forslidt kone og et aldeles henrivende barnebarn med den sødeste lille kattekilling var til stede. Min vært hev nu en flaske hjemmelavet Calvados frem, og vi smagte på den. Den var simpelthen fremragende. Nu viste han mig soveværelset, hvor møblementet ud over en stor dobbeltseng bestod af en masse ankre med Calvados, så der overhovedet ingen gulvplads var. Men jeg skulle se mere. Vi gik nu ud i hans garage, hvor han arbejdede med at reparere byens græsslåmaskiner, knallerter og små el-biler, som var meget populære på egnen. For enden

Disse små el-biler var meget populære midt i 1980'erne.

Her prøvesmager jeg en skefuld af de skønneste bær. Billedkvaliteten er ikke i top, men jeg er alligevel glad for, at min datter var så vaks, at hun snuppede et billede af denne mærkværdige situation.

af garagen havde han et kæmpestort, grønmalet væg-til-væg skab, og det viste sig nu, at det indeholdt henkogningsglas, syltetøjsglas og flasker i alle mulige størrelser og faconer, alle fyldt med hans hjemmelavede produkter: snapse og likører fremstillet af æbler, pærer, blommer, solbær, ribs og mange andre bær og frugter. Det var et overvældende syn, men det blev ikke ved synet – jeg skulle nu smage på både det ene og det andet, og min gavmilde vært lod mig smage på den ene liflige drik efter den anden og nærmest stopfodrede mig med de skønneste bær, som havde ligget og trukket i sprutten i årevis. Ud over de mange forskellige typer skulle jeg naturligvis også prøve forskellige årgange, så i løbet af den times tid, jeg var i garagen, indtog jeg det største antal genstande, jeg nogensinde har gjort – hverken før eller siden.

På vejen tilbage til huset beundrede jeg høfligt hans lille køkkenhave, og han spurgte, om jeg ville have noget salat med hjem. Det ville jeg naturligvis gerne, men til min store forundring lod han salaten stå, og vi gik ind i huset. Nu sendte han så *konen* ud efter et par salathoveder, skønt vi umiddelbart forinden havde stået bøjet over dem, følt på kvaliteten osv.

Besøget hos M. Hamél rundedes af med et underligt stykke kage og et glas (ikke hjemmelavet) portvin – det var måske ikke lige var det, jeg trængte mest til – og med et salathoved og en flaske af den dejligste Calvados under hver arm vendte jeg nu tilbage til min undrende familie. Jeg tror nok, at festen var ved at slutte, men resten af erindringerne fra denne min første Bastilledag i Frankrig fortaber sig i tågerne. Det var bestemt et positivt møde med Normandiets lokale befolkning.

Æblevin har været fremstillet i området i århundreder, og på et tidspunkt var der så mange æbletræer i Normandiet og Bretagne, at den franske stat ville betale for, at bønderne fældede dem. Det var nemlig umuligt at afsætte de store mængder æblevin – cidre – som fremstilledes. Men siden 1800-tallet har der været god gang i Calvadosproduktionen, så der er blevet rigeligt brug for æblerne. Calvados, som er en æblebrændevin på 40%, regnes for en lige så ædel drik som Cognac og Armagnac. Den bedste Calvados kommer pudsigt nok ikke fra departementet Calvados, men fra området lige øst for, nemlig Pay d'Auge, som har optimale jordbunds- og klimaforhold til æbledyrkning. På etiketterne står der "Appellation Calvados Pay d'Auge Contrôlée".

For at opnå prædikatet "Appellation Contrôlée" kræves det, at destilleringen er foregået i to omgange, hvor man kun anvender den midterste del af destillatet fra den anden destillering. På denne måde bevares alle de fineste aromastoffer i drikken, som herefter lagres på træfade i et par år. Hvis ikke denne metode er anvendt, kaldes den "Appellation Calvados Reglementée".

I Normandiet er det ikke druer man dyrker, men overalt er der frugtplantager, hvor træerne bugner med æbler.

Navnet Calvados stammer oprindeligt fra den spanske armadas angreb på England. Her hed et af krigsskibene El Calvador, og det var så uheldigt at strande på Normandiets kyst i 1588, men kom altså til at give navn til et helt departement. Calvados udtales [kalva'dås], men hvis man vil undgå udtaleproblemer, kan man altid nøjes med at sige "Calva", som er det almindelige navn i daglig tale.

En drik af nyere dato må heller ikke glemmes, nemlig "Pommeau" – eller "Pommeau de Normandie". Her blander man Calvados med udsøgt æblemost til en drik på 18%. Den er et raffineret alternativ til de mere gængse dessertvine, og kan fås herhjemme i velassorterede vinforretninger.

3. Sankt Hans-fest og vandfald

Floden La Loue udspringer under jorden og efter et par kilometer er den blevet til en stor flod, der kommer fossende ud fra bjerget.

Det er ikke kun den 14. juli, man fester i Frankrig. Akkurat som herhjemme holdes der mange forskellige former for byfester i både små og store byer. De franske byfester adskiller sig dog som regel på et punkt fra de danske, idet der ofte er et religiøst islæt, som består af optog og ceremonier, og specielt i landsbyerne foregår det hele på et mere jævnt plan med tombolaer, fiskedamme og boder med hjemmebag og hjemmelavede broderier.

På vej hen for at se et vandfald var vejen pludselig spærret, da der var byfest i en lille landsby Cugney i det østfranske. Vi tog så til byfest, for vandfaldet blev nok, hvor det var. Vi gik rundt og så på de forskellige boder og undrede os over, at der stod tøjret et får ved den ret primitive keglebane, som var tømret sammen til lejligheden. Fåret stod og rystede, så ulden dirrede, hver gang en kugle tordnede hen over brædderne, men det viste sig, at grunden til fårets tilstedeværelse var, at det var selve hovedgevinsten til dagens bedste spiller. Jeg undlod at deltage i keglespillet, for hvad skulle vi dog have stillet op med et får i resten af ferien?

Det stakkels får så temmeligt slukøret ud, når kuglerne buldrede ned mod keglerne.

I samme egn var vi et andet år til Sankt Hans fest. Festen foregik på den store plads udenfor den lille by Bucey-le-Gy, som ligger lidt sydvest for byen Vesoul i Franche-Comté. Det første vi så, da vi ankom til festpladsen var en smuk veteranbil – en brandsprøjte, som stod parkeret i udkanten af festområdet. Mens vi stod og beundrede køretøjet, gik det op for os, at det slet ikke var en udstillingsgenstand, men den lokale brandsprøjte, som i fuldt alvor skulle træde i funktion, hvis det vildt uorganiserede bål skulle tage magten fra arrangørerne. På festpladsen var der forskellige boder, hvor man kunne købe flûtes, rødvin etc., og der var opstillet mange, lange borde og bænke, hvor man kunne sidde og nyde traktementet samt den underholdning, som foregik fra den til dagen opstillede scene. Der var et væld af mennesker, og en skøn stemning med mad og ikke mindst drikke og underholdning.

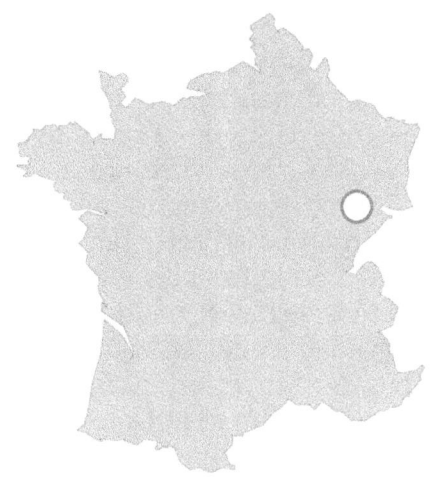

Det var en meget blandet underholdning, men blandt de mere interessante ting var nogle fårehyrder i smukke folkedragter og med fåreskind om skuldrene, som på nogle flere meter lange stylter dansede folkedanse – det var ganske spændende, men desværre blev de ved i en uendelighed. Hver gang en dans var forbi, troede vi, at der kom ny underholdning, men nej, deres repertoire var uudtømmeligt.

Et andet af højdepunkterne i underholdningen var den lokale skolelærer (det dømte vi ham i hvert fald til at være), som optrådte som jonglør. Han kastede ringe, tallerkener, bolde, kegler og fakler rundt i luften, og var faktisk ganske god til det, men det aller-sjoveste var dog at iagttage hans reaktioner, når han "kiksede", hvilket han gjorde af og til. Normalt vil en jonglør, som

Den smukke veteranbrandbil var skam ikke kun til pynt.

fejler, vel komme med en frisk bemærkning eller et undskyldende smil, men "skolelæreren" kunne ikke skjule sin ærgrelse, når det gik galt – han skar tænder og hvislede eder ud af mundvigen, og man kunne tydeligt se, at han kun med allerstørste besvær kunne tøjle sit raseri. Ham havde vi meget fornøjelse af, når han tabte keglerne eller ringene, som hvirvlede rundt i luften.
Af andre pudsigheder kan nævnes en ged, som kunne falde på knæ og stå på bagben – den hed Brigitte Bardot.

Nu skal vi et lille smut til byen Vesoul. Det er i og for sig en ret almindelig by, men vi tilbragte for nogle år siden en aften og en nat her på vej til le Corbusiers valfartskapel i Ronchamp – et moderne arkitektonisk mesterværk, som man bestemt ikke må springe over, hvis man færdes på disse kanter.
I Vesoul havde vi fundet et hyggeligt lille spisested, og bestilte, som man ofte gør i Frankrig, en menu med 3-4 retter mad.
Når man på en ferie får serveret nogle spændende retter, er der tit noget, man godt kunne tænke sig at prøve selv at lave, når man kommer hjem. Det kan dog være svært at regne ud, hvordan maden er tilberedt, og ofte er der en eller anden ingrediens eller et krydderi, man ikke kan gennemskue, og som måske netop er det, der får retten til at være noget specielt. Der kan også være noget i retten, som ikke kan fås i Danmark, men aftensmåltidet på restauranten i Vesoul havde som noget specielt en forret, som var nem at reproducere, da vi var kommet hjem, og som jeg ofte siden har serveret. Jeg har kaldt den Vesoul-salat.

> **Vesoul-salat**
> 1. Pil et par appelsiner meget fint og del dem i både.
> 2. Skræl et par æbler og skær dem i tern eller både.
> 3. Monter appelsinstykkerne, æblestykkerne og sorte oliven på tallerknerne.
> 4. Lav en olie-eddike dressing og smag den til med peber og 6-8 fed presset hvidløg.
> 5. Hæld dressingen over og server.

Det lyder måske som et ret hårdt udlæg på en middag, hvilket det egentlig også var, men på en eller anden måde åbnede dette hvidløgschok faktisk sindet til de næste kulinariske oplevelser, som bestemt heller ikke var til at kimse ad.

Landskabet i den nordlige del af Franche-Comté består for en stor del af store bløde bakker med frodige kornmarker og vidt udsyn, men tager vi sydligere i regionen kommer vi til de fantastisk smukke Jurabjerge. Når man kører oppe i disse bjerge, er der hvert andet øjeblik et udsigtspunkt, hvorfra man kan kigge ud over en dal med med masser af skov og med den ene lille by efter den anden langs med floden i dalens bund. Hvis man hører til dem, der holder af kilder og vandfald, er vi på den helt rette vej. Selv kan jeg ikke få vandfald nok, og der er mange muligheder i Juraområdet. Loue- og Lisonflodernes kilder er fantastiske at besøge. De to floders udspring, Source de la Loue og Source de Lison befinder sig ikke mere end tredive kilometer fra hinanden. Begge floder starter som underjordiske kilder, og de små floder vokser sig store inde i bjerget, inden de kommer frem fra jorden i en bjergsø, hvorfra vandet fosser i store mængder. Begge steder er et oplagt tilholdssted for den vævre lille bjergvipstjert, som man da næsten også kan være sikker på at træffe, og disse floders voldsomme start er nok så imponerende som f.eks. Seinens udspring, som blot er en stille piblen op af jorden. (Lison er en biflod til Loue, som er en biflod til Doubs, som er en biflod til Saône, som er en biflod til Rhône – så alt vandet havner altså til sidst i Middelhavet i Golfe de Lion).
Cascades du Hérrisson er en hel række vandfald et lille stykke sydligere ved en anden af Rhônes bifloder, Ain. Disse vandfald må man heller ikke gå glip af, men hvis det kniber med tiden eller kræfterne, kan man lade være med at gå den smukke tur på 3-4 kilometer langs floden, men blot køre til et udsigtspunkt,

Lison-floden kommer væltende ud af bjerget, efter at den har løbet flere kilometer som en underjordisk flod.

hvorfra man kan bese det største og flotteste af vandfaldene, nemlig Cascade de l'Eventail – men dog kun på nogen afstand.
Der er mange andre flotte vandfald og skønne steder i Jurabjergene, det er blot at se efter *Cascade* på kortet, og det er i det hele taget en egn, hvor man kan tilbringe megen tid i naturen.

Skønt der ikke er langt til de schweiziske alper, er Jurabjergene af en hel anden karakter. Jurabjergene er sammen med Centralmassivet, Vosgeserne og Ardennerne de ældste bjerge i Frankrig, hvorimod Pyrenæerne og Alperne er dannet langt senere. Groft sagt er de "gamle" bjerge mere afrundede, lavere og frodigere, hvorimod de "nye" er mere forrevne, stejle og ikke mindst højere. Mont Blanc i Alperne når f.eks. op over 4800 meter, mens de højeste steder i Centralmassivet "kun" nærmer sig 1500 meter – men det er dog også 10 gange så højt som vores eget Himmelbjerget.
At kalde Alperne for "nye" bjerge er måske nok lidt groft, da de er foldet i kridt- og tertiærtiden – for 50-100 millioner år siden – men alt er jo relativt.

4. Cévennerbjergene

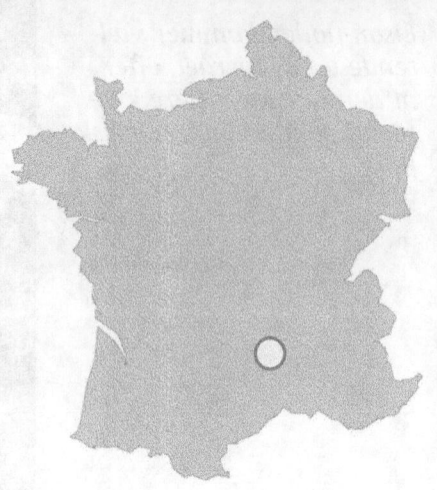

Cévennerbjergene – les Cévennes – er de sydlige og østlige randbjerge i det franske centralmassiv. Bjergene har en gennemsnitshøjde på omkring 1200 meter og gennemskæres af mange floddale – på fransk: Gorges – i øst-vestlig retning.

Som bilist kan det tage en frygtelig tid at køre på vejene i dette område; de er meget snoede, idet de følger flodernes løb, snart i bunden af de dybe kløfter og snart på afgrundens rand, så man skal bestemt ikke planlægge for lange dagsrejser i dette område.

Hvad enten man kører i floddalene eller i højderne, mødes man af det ene betagende panorama efter det andet, og franskmændene er flinke til at lave plads til at køre ind til siden og nyde udsigten på de strategisk vigtige punkter.

Landskabet er betydeligt vildere end f.eks. Jurabjergene, og specielt i Gorges du Tarn og Gorges de l'Ardèche kan man få betagende naturoplevelser, selv om der overalt udfolder sig et rigt liv af badende, svømmende, padlende og fiskende turister og indfødte.

Dyrelivet i Cévennerne er rigt og mangfoldigt. Et egern er vi jo vant til at se herhjemme, men det er unægteligt anderledes at se det boltre sig på klipperne ved en flod med lige så stor elegance som i en dansk bøgeskov. Hvis man er heldig, kan man træffe på bæveren. Jeg havde fra Cévennernes Nationalparks kontor i Florac fået en del brochurer om naturen i området, og deriblandt en lille folder om bæveren, som blev beskrevet som et meget sky natdyr. Min ven og jeg tog en tidlig morgen før solen var stået op ned til Ardèche-floden, hvor vi havde set en bæverhule, som vi kunne iagttage fra en lille bro, Pont du Diable. Vi sad i flere timer og holdt vagt. Vi havde den skønneste morgen med solopgang mellem bjergene, der omgav floden på begge sider og med et væld af fuglesang – men selvfølgelig ville bæveren ikke vise sig.

Dagen efter var damerne nede ved floden at bade, og tog dette billede af bæveren, der ved højlys dag kom svømmende midt mellem badegæster og legende børn i floden ved Pont du Diable, på vej hjem til hulen.

Bæveren kom svømmende midt mellem de badende ved højlys dag.

Bæveren hedder på fransk "castor", men hvis man på et marked eller i en butik ser et glas med noget syltelignende indhold og en tekst indeholdende dette ord, skal man ikke tro, at det er bæverpaté man køber – nej, produktet er fremstillet af bæverrottekød. Lidt udenfor byen Thueyts er der en bæverrottefarm, som man kan besøge. Bæverrotten kaldes også for sumpbæver, og et af de fremmedartede produkter, jeg har stødt på, var en sumpbæver-mirabelle-paté. Den havde jeg nu ikke havde mod på at prøve – men man skal også have noget til gode til en anden gang.

Slangeørnens menu består af 90% slanger og 10% frøer og firben.

Fuglelivet i Cévennerne er righoldigt og meget anderledes end det, vi er vant til fra Danmark. Husrødstjerten og stillitsen er lige så almindeligt forekommende, som spurvene er hos os, og mange småfuglearter, som er sjældne eller helt ukendte i Danmark, kan man se her. Blandt rovfuglene er vandrefalken og kongeørnen også forholdsvis sjældne i Frankrig, men netop i dette område kan man være heldig at få dem at se. Til gengæld er det et af de områder, hvor slangeørne er hyppigt forekommende. Slangeørnen er større end en fiskeørn, men ligner ellers mest en lys kæmpemusvåge. Ofte er det svært at bestemme fugle med sikkerhed, men hvis man pludselig ser en stor lys rovfugl lette fra det høje græs i vejkanten med en lang, sprællende slange i kløerne – så kan man roligt regne med, det er en slangeørn, der har været ude at fouragere.

I et enkelt område af Cévennerne kan man også træffe gribbe. Gribbene – eller nærmere betegnet gåsegribbene – forsvandt fra dette deres nordligste yngleområde mellem 1920 og 1940, men det var ikke kun af de sædvanlige grunde som nedskydning og forurening. En lige så væsentlig grund til deres forsvinden var, at det begyndte at knibe for dem at finde ådsler, idet det blev forbudt bønderne at lade deres døde dyr ligge på markerne.
Omkring år 1900 levede der gribbe hele vejen fra Pyrenæerne og i et bælte på et par hundrede kilometer langs hele den sydfranske kyst, men efterhånden var det kun i Pyrenæerne, gribbene kunne overleve. I mange år har F.I.R. – *Fond d'Intervention des Rapaces* (rapaces betyder rovfugle) – arbejdet med et genudsætningsprojekt med gåsegribbene i Cévennerne – under mottoet: *Prenons les Vautors sous notre aile* – lad os tage gribbene under vore vinger. Det første hold gribbe var gaver fra zoologiske haver, tilskadekomne gribbe fra andre områder og privatejede konfiskerede gribbe, som alle efter et godt stykke tid i "træningslejr" blev sluppet fri i 1981. De var alle forsynet med små radiosendere, så man kunne følge deres færden. Flere af dem fandt sammen og dannede par, og i 1985 kom den første vilde grib i området til verden – den blev kaldt Bouldras, hvilket i den lokale dialekt er navnet på gåsegribbene. På almindeligt fransk hedder gåsegribben *Vautour fauve*. Senere kom der flere unger til og det ser faktisk ud til, at det trods mange genvordigheder er lykkedes at få en fast bestand af ynglende gåsegribbe, som trives fint i det gamle gribbeområde ved Gorges de la Jonte og Gorges du Tarn. Dette har samtidigt medført, at nogle af de lidt mindre ådselsgribbe og sågar munkegribbe nu og da ses i området. Bønderne og fårehyrderne er nu ble-

Cévennerne nær Saint-Germain-de-Calberte. Efter solen var gået ned, forsvandt bjergene et efter et, indtil det blev kulsort nat med en enestående stjernehimmel – uforstyrret af lys fra huse og byer.

vet så godt oplyste, at de ved, at gribbene ikke tager får og småbørn, og har de et dødt dyr, ringer de til F.I.R., som henter ådslet og smider det ud på nogle bestemte steder i området, hvor gribbene holder til. Gribbe spiser i øvrigt intet levende overhovedet. Hvis der ligger et sygt eller døende dyr, kunne de aldrig finde på at gå i gang med det. Dyret skal være fuldstændig dødt, og dette kan gribbene konstantere ved, om der ligger afføring ved dyret, da alle levende væsener jo tømmes, når døden indtræffer.

Gåsegribben hører til de allerstørste europæiske fugle, som med et vingefang på op til 2,80 meter og med en vægt på op til 10 kg ikke er svær at få øje på, når først man er det rigtige sted.
Det bedste sted at observere gribbene er ved Gorges de la Jonte. Fra den lille kaotiske turistby le Rozier, som ligger der, hvor Jonte-floden støder til Tarn-floden, kører man 5 kilometer mod øst af D 996 til Truel. Her finder man på højre side af vejen en udsigtsplads med et meget smukt vue ud over Gorges de la Jonte og på venstre side finder man en parkeringsplads, hvor der er en bod med nogle venlige gribbevenner. Her kan man få en masse at vide om gribbeprojektet, og de udpeger de bedste steder at observere dem. Man kan endvidere købe hæfter, videoer og meget andet om områdets natur og specielt gåsegribbene. Hvis man har lidt tålmodighed, kan man næsten være sikker på at se en gåsegrib komme svævende frem fra et af klippefremspringene. Pludselig er der to – eller tre-fire gribbe i luften, og selv om man ikke kommer tæt på fuglene her, er de ikke til at tage fejl af med deres enorme vingefang, en kort hale og et hoved, som kun stikker en lille

smule frem. En gang jeg var på disse kanter, så jeg efter en tålmodig venten en flok kredsende gribbe på omkring 50, hvilket var ca. halvdelen af den daværende bestand i området (1995).

Man kan naturligvis også se gribbene andre steder i området, men her er man sikker på at se dem. Jeg har i hvert fald været der 4-5 gange, og hver gang har der været gribbe at se.

Fra udsigtspunktet ser man gribbene højt oppe langs bjergkanten, men vil man se gribbene tættere på, kan det også lade sig gøre. Der arrangeres med udgangspunkt ved den lille føromtalte bod halvdagsture under kyndig vejledning til de bedste gribbesteder, og har man ikke selv en god kikkert, kan man også låne en på stedet. Jeg har ikke selv turdet binde an med denne tur, men min kone og min svigersøn vovede sig afsted i næsten fire timer ad meget stejle stier både op og ned ad kløften. Der kræves god kondition, godt fodtøj og ikke mindst godt med medbragt vand. Til gengæld kan man så komme til at iagttage gribbene komme svævende ganske tæt forbi – og så kan man rigtigt fornemme deres størrelse.

Som ved alle projekter med genudsætning af udryddede dyre- og fuglearter har der også her været megen debat for og imod det rigtige i at gribe ind i naturens orden. Man kan naturligvis mene, hvad man vil om denne sag, men det er i hvert fald et betagende syn, når denne kæmpefugl kommer svævende med sine få, tunge, dovne vingeslag, og gåsegribbene har nu ynglet her siden 1985. Bestanden er stadigt stigende, så man må konstatere, at deres comeback med menneskelig indsats er lykkedes.

Gåsegribbe ved Gorge de la Jonte

5. Camisarderne

Som så mange andre af Frankrigs spændende lokaliteter har Cévennerne også mange dystre og blodige minder. Det var i dette område, at protestanterne i længst tid holdt stand mod den katolske overmagt, og specielt i denne egn flød der meget blod i de meningsløse religionskrige.

For at sikre protestanterne (huguenotterne) mod landets katolske flertal udstedte den franske konge, Henrik den Fjerde, i 1598 det såkaldte Nantes-edikt, som gav protestanterne en begrænset ret til at afholde calvinistiske gudstjenester, og de fik overladt et par hundrede steder, hvor de skulle kunne være i fred for deres religiøse modstandere. Dette fungerede dog ikke rigtigt efter hensigten, og i 1629 blev disse sikkerhedssteder igen inddraget af Richelieu. I året 1686 ophævedes Nantes-ediktet helt, så katolikkerne igen havde frit spil overfor protestanterne, og dette benyttede katolikkerne sig i allerhøjeste grad af.

Den katolske kirke førte sig frem med utrolig grusomhed. Protestantiske mænd blev pint, hængt, brændt, sat på hjul og stejle eller sendt på galejerne, hvor de som rorslaver kunne slide sig ihjel under umenneskelige pinsler. Kvinder og børn blev skændet, tortureret, myrdet eller anbragt i kirkens uhumske fængsler, hvor de fik en aldeles forskrækkelig behandling – men intet af dette fik naturligvis protestanterne til at ændre deres tro. De samledes hemmelige steder i det fri og holdt gudstjenester. Eksempelvis havde 400 mennesker samlet sig i en skov nær Saint-Sauveur-de-Montagut i udkanten af centralmassivet, og da de blev opdaget af katolikkerne, flygtede de ikke, idet de mente, at Gud og englene ville beskytte dem – men alle 400 blev skudt på stedet. På en lille, idyllisk skovvej finder man denne sten, der er rejst til minde om de 400 protestanter, der døde som martyrer for deres tro.

Mange af de forfulgte protestanter slog sig nu ned i Cévennerne, hvor de i årene 1702-1704 organiserede en modstandskamp mod den katolske overmagt. Under deres natlige angreb bar de protestantiske frihedskæmpere hvide skjorter, hvorfor de fik navnet Camisarder efter det sydfranske ord "camiso", som netop betyder skjorte.

En af frontfigurerne i det katolske tyranni var Cévennernes ærkebiskop du Chayla, som boede i den lille by le Pont de Montvert lidt sydvest for Mont Lozère. Ikke alene var det forbudt at give udtryk for protestantiske tanker eller sympatier, men du Chayla overvågede også med stor nidkærhed, at ingen flygtede fra området for at slå sig ned i fredeligere egne af landet.

Til minde om vore døde fædre. Martyrer for deres tro. 17.2.1689.

← *Gorges du Tarn.*

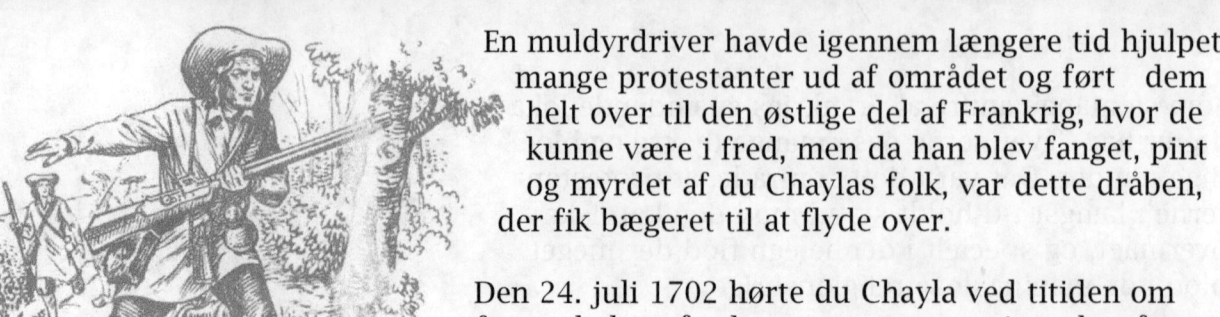

En muldyrdriver havde igennem længere tid hjulpet mange protestanter ud af området og ført dem helt over til den østlige del af Frankrig, hvor de kunne være i fred, men da han blev fanget, pint og myrdet af du Chaylas folk, var dette dråben, der fik bægeret til at flyde over.

Den 24. juli 1702 hørte du Chayla ved titiden om aftenen lyden af salmesang, som steg i styrke efterhånden som en flok på et halvt hundrede camisarder under ledelse af en uldkarter ved navn Séguier nærmede sig huset, hvor ærkebiskoppen opholdt sig sammen med 12-15 andre personer: præster, soldater og tjenestefolk. Da camisarderne efterhånden var nået ganske tæt på huset, gav du Chayla ordre til at skyde, og den første camisard faldt, netop som de var nået helt op til huset. Dette ophidsede dem naturligvis kun yderligere, og med deres køller og økser slog de døren ind, men du Chayla og hans folk var i mellemtiden flygtet op på første sal, hvor de havde nået at forskanse sig grundigt.

Séguier lod nu først alle de protestantiske fanger på stedet slippe løs, hvorpå han gav ordre til at stikke ild på huset. Da ilden begyndte at tage fat, forsøgte de rædselsslagne katolikker at flygte ved at fire sig ned af sammenbundne lagener på bagsiden af huset – men kun få af dem nåede at flygte ad denne vej. Du Chayla selv faldt under flugtforsøget og brækkede låret, så han blev taget til fange og slæbt ned på byens torv, hvor camisarderne stak ham ihjel med deres knive. Med Séguier som den første stak de alle efter tur deres kniv i du Chayla, og hver eneste af camisarderne begrundede sit knivstik: "Dette er for mine brødre på galejerne!", "Dette er for min søster og min mor i fængslet!", og således fortsatte de – tooghalvtreds velbegrundede knivstik modtog den katolske ærkebiskop fra sine forståeligt nok hadefulde modstandere. Dette var enden på en af religionskrigenes mere barbariske personer, men han var desværre ikke den eneste af slagsen, så protestanternes hævn over umennesket nyttede i det lange løb ikke meget, men det gav modstandsbevægelsen nyt mod til at fortsætte kampen mod overmagten.

Séguier, som havde ledet denne opstand, blev senere fanget af katolikkerne, og han blev straffet ved først at få en arm revet af og derpå blive brændt på bålet.

Dette er blot en af de utallige rædselsfulde beretninger om grusomhederne i forbindelse med religionskrigenes forfølgelser, men det er jo desværre ikke kun noget, der hører fortiden til. Vi hører jo dagligt om beretninger fra såkaldt civiliserede samfund, hvor man idag med lige så stor grusomhed forfølger dem, som ikke har den "rigtige" tro.

Men lad os forlade du Chayla, Séguier og camisarderne for at rykke lidt frem i tiden, hvor en hel anden form for blodige begivenheder fandt sted i de smukke Cévennerbjerge – denne gang skal vi lidt mod vest til Gévaudanområdet.

6. Gévaudan-uhyret

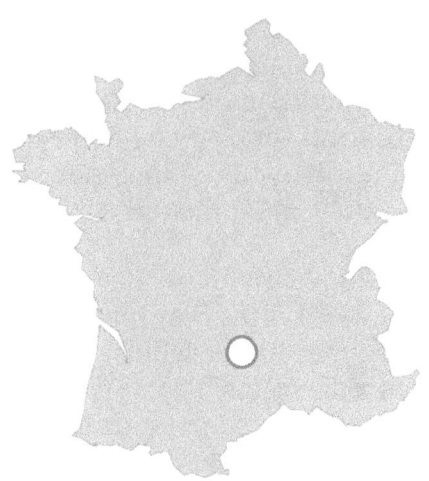

Den 19. juni 1767 lykkedes det for Jean Chastel at skyde det vilddyr, som gennem tre år havde hærget i store dele af Gévaudan (det nuværende Lozère), dræbt flere end halvtreds mennesker, fortrinsvis børn og unge piger, og spredt frygt og rædsel i denne barske og øde egn i de Sydfranske bjerge. Dyrets banemand, Jean Chastel fik det udstoppet, men desværre på en ret primitiv måde. Han tog indvoldene ud og fyldte hø og halm i kadaveret, hvorpå han drog rundt i omegnens byer og fremviste "la bète" mod betaling.

Det blev nu ikke den store indtægtskilde, han havde drømt om, så mindre end to måneder efter, at han havde sat en stopper for uhyrets tyranni, lod han det udstoppede dyr putte i en kasse, som blev sendt til Versailles til Ludvig den Femtende. Kongen havde i de forløbne år givet udtryk for stor medfølelse med Gévaudan-områdets befolkning, men da han modtog kassen med dyret, stank det så gudsjammerligt, at han beordrede det gravet ned omgående.

Dette var en stor skam, for man fik aldrig med sikkerhed at vide, hvad det var for et dyr. Samtlige øjenvidneberetninger fortæller om en ulv, men også at den ikke så ud som andre ulve, og ulve var jo noget man kendte godt i 1700-tallets Frankrig. Dyret blev beskrevet som værende større end andre ulve, med en anderledes kropsbygning, anderledes ører, rødlig i det lange hovede og med et mægtigt gab. Kort sagt: et uhyre!

Gévaudan er et barskt område. Store, øde bjergstrækninger med gyvel og småkrat, og endnu større øde skovstrækninger, hvor der er langt imellem menneskelig bebyggelse. Selv idag kan man færdes i timevis uden at møde et menneske, så hvordan har det ikke været for mere end tohundrede år siden? Vintrene kan være meget strenge i området, og jorden giver et meget svingende og beskedent udbytte, så alt i alt har det aldrig været en egn, som tiltrak de store folkevandringer. De mennesker, der levede i denne egn på den tid, hvor uhyret hærgede, var nøjsomme, fattige og barske folk.

I juni 1764 hører man for første gang om bæstet, da den fjortenårige Jeanne Boûlet bliver dræbt "af et vildt dyr". En måneds tid efter er det en femtenårig pige, som findes dræbt, og få dage efter en dreng på samme alder.
Rygterne om det passerede spredes kun langsomt, men efterhånden som der dræbes flere og flere unge mennesker, stiger befolkningens frygt og bekymring. En trettenårig pige bliver det næste offer, derpå en voksen kvinde, en pige på tolv år, en lille hyrdedreng – listen over ofrene vokser stærkt.

Fælles for alle de dræbte var, at de blev fundet frygteligt tilredt, ofte med hovedet skilt fra kroppen eller simpelthen splittet i mange stykker. Et øjenvidne beskriver dyret som "en lodden masse, som kom farende", og en dreng, der overlevede et overfald, hvor begge hans søskende blev dræbt, fortæller om et dyr, "som er

meget større end en ulv og med sorte striber på ryggen."
Efterhånden blev dyret set af flere og flere, og de mange brudstykker af et signalement – med usikkerhed og overdrivelser blandet med frygt og overtro – gav grobund for den ene mere gruopvækkende beskrivelse efter den anden. På alle samtidige stik og malerier ses de mest fantastiske uhyrer, alle med et ulveinspireret udseende, men i tyrestørrelse og opefter.

De lokale myndigheder måtte selvfølgelig gøre noget ved problemet, så i november 1764 efter fem måneder med jævnlige drab i området, ankom seksogtres dragoner under ledelse af kaptajn Duhamel til Gévaudans hovedby, Mende. Et par dage efter havde de indrettet deres hovedkvarter i den lille by Saint-Chély-d'Apcher, som befandt sig lige midt i begivenhedernes centrum. Om kaptajn Duhamel og hans tapre dragoner havde ventet, at uhyret havde trådt an til kamp, ved jeg ikke, og trods flere velorganiserede felttog ind i skovene, lykkedes det da heller ikke krigerne at komme i kontakt med fjenden.

Hvad der ikke lykkedes for soldaterne, lykkedes til gengæld for en flok børn, der kom i et drabeligt slag, som gav genlyd viden om.
En tolvårig dreng ved navn Portefaix er helten i historien, hvis detaljer vi har fra en abbed Pourcher, som i slutningen af 1800-tallet nedfældede sin version af begivenhederne. Sammen med seks andre børn, to drenge og to piger på tolv samt to drenge på otte år, gik Portefaix til kamp. Hver især var forsynet med et spyd, som bestod af en lommekniv bundet fast til en gren, og det lykkedes fak-

Et af de utallige billeder af det drabelige uhyre fra Gévaudan.

Et lille udpluk af de mange fantasifulde afbildninger, der i tidens løb er fremstillet af det berygtede uhyre – læg mærke til, hvor kæmpemæssig, man har forestillet sig, det var.

tisk børnene at opspore uhyret. Inden dyret gik til angreb, nåede feltherren at få sine tropper stillet op med de tre store drenge i front, pigerne i andet geled og de to små drenge bagest. De havde nok forestillet sig, at de udgjorde et frygtindgydende syn, men dyret gik til angreb ved at løbe uden om den lille tapre flok og gå løs på den otteårige Joseph Panafieu fra bageste geled. Dyret sprang direkte på ham og fik bidt hans ene kind af, inden børnene nåede at reagere og kaste sig over den med deres spyd. De mange stik fra deres primitive våben fik den til at slippe sit tag i den lille Joseph for i stedet at kaste sig over den anden lille dreng, Jean Veyrier, som fik et kraftigt bidsår hen over mund og kæber, inden dyret fik fat i hans ben og begyndte at slæbe bort med ham. Men Portefaix gav ikke så let op, så under hans kommando fik de dirigeret dyret med dets bytte i retning af en stor mudderpøl, hvor det ikke var i stand til at slæbe den kæmpende dreng så hurtigt afsted, skønt den havde et godt tag i hans ene arm. Børnene gik nu atter løs på dyret, idet de med Portefaix i spidsen i blindt raseri kastede sig over dyret med deres hjemmelavede våben. Efter igen og igen at få jaget lommeknivspyddende i sig, blev det til sidst for meget for uhyret, der tog flugten ind i skoven. Børnene – og naturligvis ikke mindst Portefaix – blev hyldet for deres tapperhed og mod, og som belønning fik den fattige bondedreng Portefaix nu skoleophold betalt af staten, senere fik han ydermere en officersuddannelse, da han jo allerede som tolvårig havde vist talent for krigsførelse. Toogtredive år gammel døde han i en kolonikrig, men episoden med børnenes kamp gjorde hans navn kendt i store dele af Sydfrankrig, og den ændrede livet radikalt for den lille bondedreng. Dyret var nu ikke blevet skræmt på længere sigt, og snart efter indløb der den ene rapport efter den anden om nye lemlæstelser og drab. Befolkningen var efterhånden noget træt af dragonernes tilstedeværelse, da de seksogtres granvoksne mænd jo havde udrettet mindre end den lille flok børn i kampen mod uhyret, så inden længe fortrak de lige så stille fra området.

Den næste, der prøvede lykken, var en erfaren ulvejæger, som havde flere end tolvhundrede ulve på samvittigheden. Det lykkedes heller ikke for ham at få ram på dyret (og dermed indkassere den stadigt stigende dusør), så med baggrund i sin ekspertise som ulvedræber erklærede han, at der slet ikke fandtes nogen speciel ulv, endsige et uhyre. Næsten samtidig blev en ung kvinde dræbt og delvis ædt ikke langt derfra.

En løjtnant ved navn Beauterne skulle blive ham, der indkasserede dusøren. Den 22. juli 1765 (altså mere end et år efter de første rapporter om uhyret) nedlagde Beauterne efter en meget voldsom kamp en meget stor ulv på femogtres kilo. Alle åndede lettet op, indtil det blev opdaget, at ulven var fanget et helt andet sted og sluppet løs netop der, hvor Beauterne rykkede frem.
Det "rigtige" uhyre fortsatte ufortrødent sine myrderier blandt den mere og mere frustrerede befolkning, indtil det endelig i 1761 lykkedes for Jean Chastel at dræbe uhyret og dermed bringe flere års mareridt til ophør. Og denne gang var der ingen tvivl: dette var "la bête du Gévaudan".

Tilbage står spørgsmålet: hvad var det for et dyr? Var det en ulv? Eller et hidtil ukendt dyr? Alle øjenvidneskildringer tyder på, at det i hvert tilfælde ikke var en almindelig ulv, og når vi ser bort fra fabeldyr, varulve og ukendte dyr, er der kun en af de mange teorier, som sidenhen er blevet fremsat, der synes at kunne holde. Jean Chastel havde en søn ved navn Antoine. Denne søn var altid blevet betragtet som lidt af en særling, og på et tidspunkt var han sammen med en hel masse andre huguenotter blevet ført til Toulon ved Middelhavet for at blive sendt afsted som galejslave. Skibet, som Antoine befandt sig på, blev overfaldet af algierske pirater, som bragte de tilfangetagne til Afrika, hvor Antoine blev sat til at være dyrepasser i sørøvernes menageri. Hvordan han slap herfra vides ikke, men han vendte tilbage til sin hjemegn, hvor han fik tilnavnet "den kastrerede buk", så helt uden mén er han åbenbart ikke sluppet fra de algierske pirater. Antoine Chastel var en sær eneboer, som levede i nogle skure ude ved bjerget Mont Mouchet, der hvor grænserne mellem de tre nuværende departementer Lozère, Cantal og Haute-Loire mødes. Han omgav sig med mange blodtørstige hunde, og en af dem har sandsynligvis ikke været en hund, men en mere eller mindre dresseret hyæne, som han havde bragt med sig fra sit ufrivillige ophold hos de nordafrikanske pirater.

Men dette er nok ikke hele forklaringen. Ganske vist er hyæner både hurtige og stærke, de frygter hverken løver, leoparder eller mennesker, og beskrivelserne af "la bète" passer godt på en hyæne: kraftigere bygget end en ulv, anderledes ører, rødlig, striber på ryggen osv., men hyæner lever fortrinsvis af ådsler og tager kun levende får og en ged i ny og næ. Forklaringen er snarere, at uhyret var Antoine Chastel og hans hyæne i fællesskab. Om der eventuelt lå nogle sexuelle motiver bag drabene bliver heller aldrig opklaret, men teorien om, at denne sære eneboer, som i sit liv havde været udsat for de skrækkeligste oplevelser, sammen med et vilddyr, som sandsynligvis lystrede ham, udgjorde det team, som i tre år var i stand til at terrorisere en hel egn, er vel den mest troværdige af de mange fremsatte teorier. Måske var det heller ikke helt tilfældigt, at det netop var Antoines far, der gjorde en ende på mareridtet. Mon ikke han har haft en eller anden form

Den lokale kunstner Auricoste har lavet denne elegante statue, som står i byen Marvejols, men dyret er afbilledet mange andre steder – som skulptur eller maleri.

for mistanke til sin søn, siden han var i stand til et erklære, at nu ville han gå ud og dræbe uhyret – og gjorde det?

Gévaudanområdet er idag et herligt sted at færdes. Det er stadig en øde egn, men der er ingen fare for at støde på hverken ulve eller bjørne i de vidtstrakte skove. Til gengæld er der både hjorte og vildsvin, og hvis man er heldig kan man se kongeørnen, som her har et af sine sidste yngleområder i Frankrig. Selv om det på ingen måde er farligt at færdes i skovene, kan man godt gyse lidt, når man er i det område, der for kun knapt 250 år siden var skuepladsen for disse dramatiske hændelser.

Naturligvis er historierne om uhyret med til at skabe egnens image, og man ser ofte ulveagtige dyr på skilte og plakater. Blandt de mere kuriøse ting er en velsmagende "Gévaudan-likør" med et græsseligt vilddyr på etiketten, og i byen Marvejols finder vi midt på torvet en moderne statue af "Gévaudanuhyret, dræbt af Jean Chastel d. 19. juni 1767." Men skønt bæstet blev dræbt hin sommerdag i 1767, lever det i bedste velgående i befolkningens bevidsthed.

Selvfølgelig er uhyret blevet en del af Gévaudanområdets image. Der er en ulvepark, og man kan i området købe souvenirs med diverse bæster, en behagelig Gévaudanlikør med et vilddyr på etiketten eller nogle velsmagende ulvebolscher.

7. Et herberg i højlandet

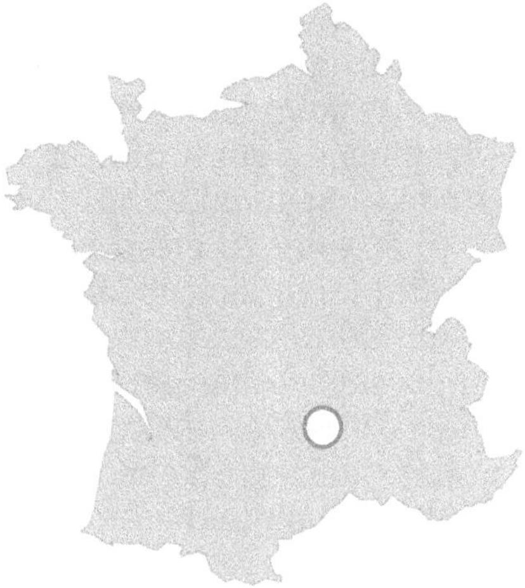

Lad os blive lidt endnu i den vestlige del af det store centralmassiv.
Ikke langt fra Gévaudanområdet, nærmere betegnet en halv snes kilometer øst for byerne Pradelles og Langogne, finder vi et museum, der er indrettet i et gammelt herberg. Hvis man ikke ved, hvad dette museum indeholder, kan man sagtens køre forbi uden at skænke det nogen opmærksomhed, selv om det ligger lige ud til hovedvejen, som fører gennem Ardèchedalen.
Huset er i dag rekonstrueret, så det ser ud fuldstændigt som i begyndelsen af 1800-tallet, hvor det gjorde sig fortjent til en fremtrædende plads i fransk kriminalhistorie.
Skønt stedet ligger langt fra større byer, har det altid været en form for knude-

punkt, idet man på grund af bjergene har haft turen gennem Ardèchedalen som en naturlig hovedfærdselsåre i øst-vestlig retning. Samtidig har mange vejfarende i nord-sydlig retning passeret netop her, så det var derfor naturligt at indrette en kro midt i dette øde højland. Kroens mildest talt blakkede ry skyldes ægteparret Martin, som krofatter og kromutter hed, for de fik desværre en ganske indbringende ide med deres krovirksomhed.

Sammen med nogle få tjenestefolk drev ægteparret Martin dette herberg, og hvis de fik besøg af en gæst, der så velbeslået ud, satte kromutter sig ind i krostuen og sludrede lidt med ham. Hun lokkede ganske naturligt ud af gæsten, hvad han lavede, hvilket ærinde han var ude i osv., altsammen oplysninger, som krofatter sad i køkkenet og lyttede til gennem et hul i væggen. Hvis det lød til at være en gæst med penge på lommen, fulgte monsieur Martin ved sengetid gæsten ud til den indvendige trappe op til værelserne, og når gæsten var nået op og vendte sig for at ønske krofatter godnat, sprang tjenestefolkene, som lå på lur, op og skubbede ham ned ad den stejle trappe. Hvis han ikke allerede var slået bevidstløs, når han nåede foden af den stejle trappe, skulle Monsieur Martin nok vide af at ordne resten. Nu tog de alt, hvad der var værd at røve fra gæsten, hvorefter han blev smidt i en mægtig stor brændeovn for enden af det bageste rum i huset.

Deres metoder til at udplyndre og myrde deres gæster på udviklede sig efterhånden til at blive mere og mere barbariske og systematiske, for deres fantasi fejlede ikke noget.

Det er lidt makabert at se ovnen, hvor de ligene af de mange myrdede gæster blev brændt.

Det har bestemt heller ikke skortet på fantasien hos de mange forskellige malere, som på lærredet har fremstillet begivenhederne. Et af de mange kuriøse billeder, som kan ses i krostuen idag, forestiller krofatter, som har et godt tag om ankelen på en mand, som han svinger over hovedet med den ene hånd, mens han med den anden hånd fægter med en stor, blodig kniv efter en anden rædselsslagen gæst. På et andet af de charmerende primitive malerier (herunder) ser vi krofatter godt i gang med at kværke en mildt sagt forfærdet gæst, mens hans kone med dolk i hånd sidder overskrævs på en anden gæst, som ligger i en mægtig blodpøl.

Man kan nok undre sig over, at disse myrderier kunne foregå nærmest systematisk i omkring femogtyve år, men det skyldes naturligvis stedets øde beliggenhed. Hvis en rejsende, hvad enten han var til fods, til hest eller med hestevogn, skulle krydse centralmassivet, var det en rejse på adskillige dage, og da man jo ikke som idag kunne kommunikere f.eks. pr. telefon,

Begivenhederne har givet inspiration til mange malere, og på dette billede bliver der sandelig ikke lagt fingre imellem.

kunne der gå mange dage – ja uger, før en rejsende blev meldt savnet. Effektive eftersøgninger i dette område var praktisk taget umulige, og måske kendte de pårørende overhovedet ikke den nøjagtige rejserute. Man måtte slå sig til tåls med, at manden var forsvundet. Naturligvis kunne man forestille sig, at manden var blevet ædt af vilde dyr eller overfaldet af landevejsrøvere, men at han skulle være blevet myrdet på Auberge de Peyre-Beille, som var herbergets navn, var der ingen, der drømte om – en pæn og hyggelig landevejskro i det skønneste naturområde.

Efter en lang række succesfyldte år blev forbryderne dog afsløret og pågrebet, og efter en retssag, hvor de mest uhyrlige og uhyggelige tilståelser kom for dagens lys, blev de skyldige dømt til døden, og en guillotine blev sat op midt på gårdspladsen foran kroen, og både krofatter og kromutter og tjenestefolkene måtte af med hovedet. Idag er stedet, hvor henrettelserne fandt sted, markeret med en sten.

Der er naturligvis også lavet en film (Auberge Rose) om begivenhederne. Hovedrollen som Monsieur Martin spilledes af den populære franske skuespiller Fernandel, som dog herhjemme er mest kendt for sin fremstilling af hovedpersonen i Don Camillo-filmene fra halvtredserne.

Et besøg på kroen, som altså nu er museum, er bestemt en oplevelse. Man når næppe inden for døren, før man mødes af et brøl fra en velvoksen kvinde, som oplyser en om billetpriserne. Man er i forvejen lidt beklemt ved at betræde åstedet for så megen grusomhed, og man forestiller sig, at kvindemennesket er den genopstandne morderiske kromutter.
Bedre bliver det ikke, når rundviseren viser sig at være en skummel og skulende mand, som med en hul, monoton og ildevarslende røst – og på et komplet uforståeligt fransk – fortæller om de grufulde begivenheder, mens man føres rundt ad mørke gange og trapper. Man får både krostuen, værelserne, køkkenet, trappen og den store ovn at se. Når man har været rundvisningen igennem og til sidst når ned til det første rum igen, mødes man atter af "kromutter", som brøler priserne på de bøger og postkort, som man diskret kaster et blik på. Man tør næsten ikke købe noget, men på den anden side tør man heller ikke lade være, så da jeg besøgte stedet, købte jeg en serie postkort og flygtede ud i det fri.

Beskrivelsen er fra mit første besøg på museet i begyndelsen af halvfemserne. Jeg har været der et par gange siden, og i dag er der indrettet en

Her står den skumle kustode og holder øje med gæsterne.

bygning med en stor souvenirbod med kaffe osv., og personalet er mere normalt – men stedet er absolut stadig et besøg værd.

Det er nemt at finde den gamle kro. Kommer man østfra, kører man ad N102, som fra nougatbyen Montélimar ved Rhônefloden går mod vest gennem blandt andet den smukke og smukt beliggende by Aubenas, som kaldes "Porten til Cévennerne" – cirka tredive kilometer længere ude af den snoede hovedvej, som stiger kilometer efter kilometer, finder man på venstre hånd en gammel stenbygning, hvor der på hele endegavlen står malet: "Ici l'authentique Auberge de Peyrebeille", så der er ikke noget at tage fejl af.

To billeder af krofatters, kromutters og medhjælperens vej til skafottet.

8. Æseltur i bjergene

Ikke langt fra Auberge-de-Peyrebeille ser man pludselig en reklame for et diskotek ved navn Stevenson og med et æsel som logo. Hvis man ikke tilfældigvis kender baggrunden for dette navn, vil man sandsynligvis undre sig over både navnet og æslet.

Man støder flere gange i dette område på navnet Stevenson, og det skyldes, at den skotske forfatter Robert Louis Stevenson i efteråret 1878 foretog en mærkelig rejse i dette område og beskrev det i sin bog, Travels with a Donkey in the Cévennes.

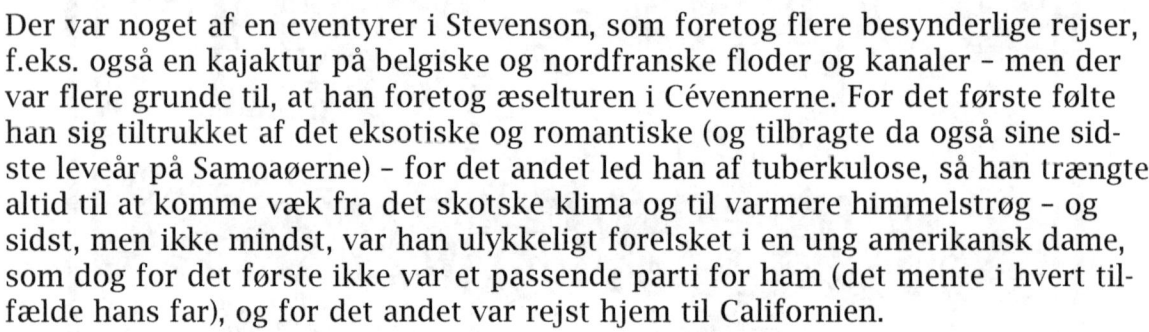

Stevenson levede fra 1850 til 1894, og er mest kendt for sine spændingsmættede, hemmelighedsfulde romaner som Skatteøen og Kidnappet, men det var også ham, der skrev Dr. Jekyll og Mr. Hyde, som ikke mindst på filmlærredet har været en stor succes, hver gang den er blevet filmatiseret.

Der var noget af en eventyrer i Stevenson, som foretog flere besynderlige rejser, f.eks. også en kajaktur på belgiske og nordfranske floder og kanaler – men der var flere grunde til, at han foretog æselturen i Cévennerne. For det første følte han sig tiltrukket af det eksotiske og romantiske (og tilbragte da også sine sidste leveår på Samoaøerne) – for det andet led han af tuberkulose, så han trængte altid til at komme væk fra det skotske klima og til varmere himmelstrøg – og sidst, men ikke mindst, var han ulykkeligt forelsket i en ung amerikansk dame, som dog for det første ikke var et passende parti for ham (det mente i hvert tilfælde hans far), og for det andet var rejst hjem til Californien.

Han ville altså væk fra det hele, komme til hægterne både psykisk og fysisk, prøve at få styr på sine tanker og følelser, komme bort fra dagliglivets luksus og tilbage til naturen. At han valgte den lille by Le Monastier-sur-Gazeille til udgangspunkt for sin tur, skyldtes at George Sand, som var en af hans yndlingsforfattere, havde beskrevet byen som et af de dejligste steder i verden. Byen er idag mest kendt for, at det var her Stevensons rejse begyndte. På hans tid var der omkring halvtreds værtshuse i byen, men nu er tallet væsentlig mindre, og et af dem hedder selvklart Le Stevenson. Der er også et lille Stevenson-museum i byen, blandt andet med fotos fra nogle af de steder, han besøgte undervejs.

Stevenson fortæller om Le Monastier, at den er berømt for sine kniplinger, for den megen druk og for at have en god blanding af tilhængere af den tids politiske partier: "Legitimister, Orleanister, Imperialister og Republikanere – som hver især hader, bagvasker og afskyer de andre".

I Le Monastier købte han det meste af sin udrustning – også det æsel, som skulle blive hans ledsager på turen (en speciel sovepose fik han syet i le Puy). Æslet døbte han Modestine på grund af dets beskedne størrelse og pris, men det er ikke få problemer han får med dyret undervejs, både med at få det til at makke ret og med at få udrustningen til at blive på plads på dets ryg. Trods mange advarsler fra den lokale befolkning om kulde, ulve og røvere, begiver Stevenson sig afsted på et par hundrede kilometers vandretur den 22. september 1878. Rejsebeskrivelsen hører ganske vist ikke til hans mest berømte, men det er en ganske fornøjelig lille bog med mange pudsige iagttagelser fra dagliglivet på landet i Frankrig. Bogen har vist aldrig været oversat til dansk, men den kan skaffes på biblioteket på engelsk, og hos boghandlerne i de store byer i området f.eks. Le Puy og Mende findes den i forskellige dyre og billige udgaver både på fransk og engelsk.

Idag arrangeres der vandreture, som mere eller mindre følger Stevensons rute, og man kan vandre dem både med og uden et lejet æsel, men man kan dog også få en fonemmelse af hans færd ved at tage turen på anden vis.

Det er ikke muligt helt at følge Stevensons rute i bil, da han med Modestine vandrer ad små stier gennem bjergene, og vejføringerne selvfølgelig også har ændret sig. Man kan dog følge ruten i store træk, selv om man som bilist må snyde hist og her, men under alle omstændigheder er det sjovt at forestille sig hans vandring, efterhånden som man følger ruten, og man kommer gennem nogle af Frankrigs smukkeste områder, som ikke har forandret sig meget i løbet af de mere end hundrede år, der er gået, siden Stevenson begav sig ud på denne mærkværdige rejse.

Med start i Le Monastier bevæger vi os først mod syd, krydser floden La Gazeille og drejer til højre ad D 500, som vi følger godt syv kilometer, hvorpå vi tager

En flok får passerer vejen gennem Cévennerne, men bortset fra at vejen er noget flottere end på Stevensons tid, er det her, han vandrede med sit æsel.

vejen til højre til den lille by Saint-Martin-de-Fugères. Herfra fortsætter vi mod Goudet, som domineres af Château Beaufort, som idag dog kun er en ruin.

Efter et måltid mad på kroen i Goudet går Stevensons tur videre vestpå. Han finder det lidt komisk, at Loire, som vi nu krydser, er den længste flod i Frankrig. Men det er rigtigt nok, for den udspringer cirka tredive kilometer øst herfor ved Gerbier le Jonc, så det er stadig en lille flod, men den vokser sig stor på de tusinde kilometer den passerer, inden den munder ud i Biscayabugten.
Gennem landsbyen Ussel går turen mod Lac du Bouchet, hvor han har planlagt at ende sin første dagsrejse, men han farer vild på de små stier, og slutter i stedet sin dagsmarch i Le Bouchet-Saint-Nicolas, hvor han overnatter på herberget. Dette beskriver han som et typisk fransk herberg, hvor stald og køkken går ud i et, så han og Modestine kan høre hinanden spise. Han er bestemt ikke begejstret for disse små herberger, som han jævnligt indlogeres på: vinen er dårlig, brændevinen afskyelig, og borddækningen består af et glas, en tallerken og en jerngaffel, idet det regnes som en selvfølge, at den rejsende selv har en kniv på sig. I beskrivelsen hedder det endvidere: "Et besøg af en fed so, som grynter under bordet og gnider sig op ad ens ben, er ikke noget usandsynligt akkompagnement til middagen." Herberget har to senge, hvor der ligger en hel familie i den ene og Stevenson er så heldig at have den anden for sig selv. Han generes tydeligt mere af familiens tilstedeværelse end omvendt.

Videre går ruten nu ad vejene D 53 og N 88 til den charmerende by Pradelles, herfra til Langogne, hvorfra vi følger vejen 5-6 kilometer i sydvestlig retning. Her roder Stevenson lidt rundt i navnene Fouzilhic og Fouzillac, og har et sammenstød med nogle folk, som bestemt ikke har lyst til at hjælpe ham med at finde den rette vej. Hans skotske temperament får ham til både at skælde dem ud og håne dem, men de lukker blot døren for hans raseri, idet de formodentlig har betragtet ham som en galning. Efter at have flakket rundt et stykke tid i mørke, hagl og regn må han overnatte under åben himmel i den kulsorte skov, skønt det ikke har skortet på advarsler mod denne form for overnatning fra folk, som stadig havde det grufulde Gévaudan-uhyre i tankerne. Stevenson har kun hån til overs for disse primitive menneskers angst for *"this Bonaparte of wolves"*, og han udsættes da heller ikke for hverken at blive myrdet eller ædt. Næste dag hjælpes han på rette vej igen af en gammel mand, som er rystet over Stevensons beretning om hans uhjælpsomme landsmænd.

Der er ingen grund til at lave afstikkeren til Fouzillac, men blot følge den videre tur via Cheylard, Luc og La Bastide-Puylaurent til klosteret Trappe de Notre Dame des Neige. Stevenson var meget fascineret af camisarderne og det spændte forhold mellem katolikker og protestanter, og han tilbringer et par dage i klosteret, hvor han diskuterer politik og ikke mindst religion med fader Appolonaris og de andre munke, og efter at have forladt dem igen, fortæller han, hvordan han nyder ikke at være bundet af klosterets strenge disciplin, men er fri og kan vandre, hvor han vil.

Trods mange beskrivelser af smukke og storslåede landskaber, er det dog ikke selve stederne, der fascinerer ham, men derimod selve det at rejse. *"I travel not to go anywhere, but to go." - "The great affair is to move."* Han kan lide det at komme væk fra civilisationen, at føle jorden under sine fødder og at sove på den bare jord med skarpe sten.

Fra klosteret går turen tilbage til La Bastide, hvor den på Stevensons tid nyanlagte jernbane fra Paris til Nîmes løber. I Mende var jernbanestationen ved at stå klar, og som han udtrykker det: *"Om et år eller to vil dette være en anden verden. Ørkenen bliver belejret."*

Efter at have krydset floden Allier finder han en kro i Chasseradès, hvor han overnatter. De er seks mennesker til fire senge, men det lykkes naturligvis igen Stevenson at slippe for at dele seng med andre, og han får endog (omend med stort besvær) overtalt sine medlogerende til at sove for åbent vindue. Efter Chasseradès passererer vi en stor jernbaneviadukt og drejer til venstre ad D 120, men lidt efter må vi forlade Stevenson, idet han krydser tværs gennem terrænet gennem bjergene over Montagne de Goulet. Vi kan i stedet dreje til venstre ad den lille vej D 20 til Le Bleymard og videre opad til Mont Lozères højeste top, som er Sommet de Finiels – 1699 meter over havet. Der er i klart vejr en pragtfuld udsigt både fra passet Col de Finiels og fra selve toppen, men desværre ligger der i Frankrig om sommeren ofte en varmedis ved de allerbedste udsigtspunkter. Selve toppen af Sommet de Finiels kan kun nås ved at klatre.

Efter endnu en nat i det fri drager Stevenson til Le Pont de Montvert. Her overnatter han på Hotel des Cévennes, som stadig findes, og som den dag i dag har lidt af atmosfæren fra gamle dage. Det var for øvrigt i denne lille hyggelige by, at de protestantiske frihedskæmpere – som omtalt i kapitlet om camisarderne – myrdede ærkebiskop du Chayla. Ad D 998 går turen nu ad en meget smuk rute langs Tarn-floden gennem byerne Cocurès og Bédouès, og herpå til venstre til Florac.

Florac er en livlig by med mange små butikker og fortovsrestauranter og et rigtigt leben af turister og indfødte. Fra Florac laver vi en lille afstikker fra Stevensons rute og kører fem kilometer mod syd ad D 907 og derpå mod syd ad D 983. Ved landsbyen Saint-Laurent-de-Trèves ser man et skilt med noget om dinosaurer. Skønt vi befinder os i mere end en kilometers højde over havet, er dette gammel havbund, og man har for nyligt fundet nogle fodaftryk af dinosaurer. Man er ikke helt sikker på, hvilken slags, der er tale om. Disse dinosaurer var "kun" fire meter høje og med relativt små fødder, så man kan måske blive lidt skuffet over størrelsen af aftrykkene, men man ser dem meget tydeligt i kalkstenen. Stedet er ikke en stor attraktion, men der er sat nogle tavler og skilte op, og i landsbyen er der et lille museum.

Tilbage til Stevenson. Efter denne lille afstikker vender vi tilbage til Florac, hvorfra Stevenson fulgte en lille bjergvej, som idag er den store vej N 106 langs Mimentefloden til Cassagnas. Nu tager han igen tværs gennem landskabet over Mont Mars, men vi fortsætter og drejer ad D 984, som vi følger helt til Saint-Germain-de-Calberte. Denne egn er efter min mening et af de smukkeste områder i Frankrig, og Stevenson skriver da også i sin bog: *"Dette var vel nok det mest vilde syn på hele min rejse. Tinde efter tinde, række efter række af bakker, som bølgede sig*

mod syd, formet af vinterens strømme, prydet fra isse til fod af kastanjetræer."
Der er mange steder i området, hvor man kunne tænke sig, at han har været, da han skrev dette, og jeg har selv siddet på en top lidt nord for Saint-Germain-de-Calberte og betragtet dette pragtfulde landskab, medens det langsomt blev mørkt. Der var ikke en menneskeskabt ting at se, ikke et hus, ikke et lys, ingen veje eller master, og da fuglesangen ophørte sænkede der sig en vidunderlig stilhed i den stjerneklare nat.

Fra Saint-Germain-de-Calberte, hvor føromtalte Du Chayla ligger begravet, går det sidste stykke af Stevensons tur til Saint-Jean-du-Gard, hvorfra han havde meget travlt med at komme med diligencen til Alès, angiveligt for hurtigst muligt at få sendt sin rejsebeskrivelse til forlæggeren i England, men nok mindst lige så meget fordi han var spændt på, om der var brev fra pigen i Californien, Fanny Osborne.

I Saint-Jean-du-Gard måtte Stevenson sælge æslet Modestine, og skønt han i løbet af de par uger, turen varede, adskillige gange havde forbandet det noget så grusomt, var det med en klump i halsen, han skilte sig af med denne stædige, irriterende men nødvendige rejseledsager.

Fra Saint-Jean-du-Gard kører der idag et veterantog en fantastisk smuk tur gennem bjergene til Anduze. Vognene er ikke særligt autentiske, men til gengæld har man et godt udsyn fra dem. Hvis man er interesserer sig for gamle lokomotiver og vogne, skal man hellere tage

Et af de gamle lokomotiver fra Tournon-Lamastre banen.

til Lamastre og køre med veterantoget til Tournon. Da vi for nogle år siden skulle med dette vetarantog, havde vi studeret køreplanerne meget nøje, for der var både afgange med damp- og med diesellokomotiver. Vi ville selvfølgelig med damptoget, men i ventesalen stod der et skilt med *"I dag diesel"*, så vi måtte tage til takke med det. Det gjorde nu ikke så meget, men vi have en lumsk mistanke om, at det var et skilt, der ofte blev brugt – men der var damplokomotiver på alle postkortene.

Cévennerbjergene byder på mange
← *betagende udsigter.*

9. Ost, ost, ost ...

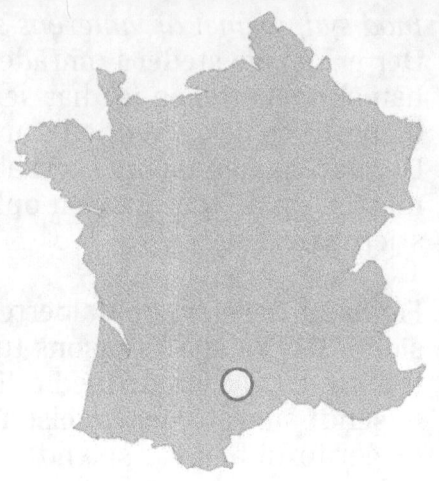

Ost hører til et af de mange områder, hvor man kan have spændende kulinariske oplevelser i Frankrig. Vi er i Danmark godt forvænte med hensyn til udvalget af oste og ostenes kvalitet, men en velassorteret dansk osteforretnings udvalg er for intet at regne i forhold til blot et almindeligt fransk supermarkeds osteafdeling – og så er osten, som så meget andet, meget billigere i Frankrig. En dansk ostehandler påstår, at der nærmest kun er momsen til forskel, og selv om det virkelig var sandt, ville det dog være en pæn besparelse, men det er meget mere end det, og der er betydeligt større fortjeneste ved at tage ost end vin med hjem fra Frankrig.

Ved mange franske bondegårde ser man et skilt med Fromage du Chèvre (eller blot Chèvre) – gedeost – og det kan nok være et forsøg værd at smage en sådan. Ligesom ost fremstillet af komælk kan smage meget forskelligt, er ost fremstillet af gedemælk også et ret vidt begreb, og nogle af dem smager mere af ged end af ost. Første gang jeg prøvede en fromage du chèvre fra en bondemands egne geder, fik størstedelen af mine sanser et chok, som det tog lang tid at overvinde, men min medfødte nysgerrighed gav mig dog heldigvis senere mod til at gøre et nyt forsøg med gedeosten, og denne gang var det den mest velsmagende, milde og behagelige ost, som dog havde den karakteristiske syrligt-tørre smag, som kendetegner gedeostene – og nu hører de bestemt med blandt mine livretter.

Har man smagt de norske brune gede- eller myseoste, tror man måske, at al gedeost smager i den retning – men hvad enten man foretrækker de norske eller franske, kan de overhovedet ikke sammenlignes, det er helt forskellige produkter. I mange franske butikker kan man købe marinerede gedeoste, hvor stykker af gedeost ligger i en krydret olie-eddike marinade. Nu kan man også få dem i Danmark, men det er betydeligt nemmere og billigere at købe gedeost i små ruller eller skære et større stykke i terninger og så marinere osten selv. Olie-eddike marinaden kan f.eks. krydres med estragon, enebær, timian og hvidløg, og så skal osten trække heri i mindst et par dage – og den kan opbevares et godt stykke tid i marinaden. Endelig er der de specielle gedeoste, som er helt sorte udenpå – det skyldes, at de er trillet i aske fra vinstokke!

Der produceres gedeost i mange egne af Frankrig. Denne er fra den vestfranske egn Poitou, men jeg synes, at det er sådan en sød æske, så den skulle med.

Ofte står der på spisekortet "Chèvre chaud", hvilket betyder "varm ged" – men det er blot varm gedeost! En meget enkel måde at servere en varm gedost på er følgende:

> Chèvre chaud
> 1. en skive gedeost pr. person steges ganske let i valnøddeolie – den må ikke flyde ud
> 2. anret osten på et salatblad på et stykke ristet franskbrød
> 3. drys med hakkede valnødder og giv en stribe flydende honning over

Forslag til variation af ovenstående opskrift kunne være, at man tilføjede hakkede, soltørrede tomater, hakkede cornichoner, oliven osv. – eller man kunne tage vermouth-dampet spinat i stedet for salaten, ristede pinjekerner i stedet for valnødder eller brødcroutoner i stedet for franskbrødsskiverne. Der er mange muligheder.

Når man på en fransk restaurant bestiller en menu, er en af retterne oftest ost, og her er det meget forskelligt, hvad man bliver budt. Nogle steder får man blot lidt afskåret ost ind på en tallerken, men de fleste steder får man et fad med

Får og geder støder man jævnligt på - her er et par geder, der græsser i vejkanten.

et stort udvalg i oste. Mange steder kommer tjeneren med fadet – enkelte steder en hel rullende ostevogn – hvorpå man fortæller (eller udpeger), hvilke oste man ønsker, han skal skære et stykke af; andre steder igen får man hele fadet anbragt på bordet, og man kan så mæske sig med ost, indtil tjeneren kommer for at sætte fadet hen på det næste bord, hvor gæster er nået til dette punkt i menuen. Det vildeste, jeg har oplevet, var i den anden ende af landet, nemlig i Strasbourg. Her ligger en fantastisk restaurant, der hedder *Gloche du Fromage*, hvilket betyder *Osteklokken*. Det første, man ser, når man kommer ind i det hyggelige lokale er en osteklokke med en diameter på ca. halvanden meter. Her ligger 100 forskellige oste i flere etager. Al maden på menukortet indeholder ost, og det er udsøgt mad, der bliver serveret. Tjeneren fortæller meget gerne om alle ostetyperne, og for osteelskere er det en stor oplevelse.

Men vi skal tilbage til Sydfrankrig, nemlig til Rocquefort. For novicer indenfor ostespisning er Roquefort en betegnelse for alle blåskimmeloste (ligesom mange kalder al mousserende vin for Champagne) men det er kun oste fremstillet i den lille by Roquefort-sur-Soulzon, som har ret til at bære navnet Roquefort. Denne verdensberømte ost kopieres overalt i verden, og i Danmark er vi så heldige at have en af de bedre efterligninger, nemlig Danablu, som dog aldrig kan komme til at smage som en rigtig Rocquefort, da den originale er fremstillet af fåremælk.

Også inden for de franske grænser kopierer man den sydfranske Rocquefort-ost med succes, og i regionen Auvergne fremstilles en god blåskimmelost, Bleu d'Auvergne, som jeg personligt holder meget af. Den er lavet af fåre- og komælk, og kan fås i velassorterede danske osteforretninger.

Auvergne ligger lidt syd for midten af Frankrig, og her oplevede vi på terrassen på Jernbanehotellet i den forholdsvis uinteressante by Vorey at få serveret en her-

lig middag med meget lækre Auvergne-retter.
Forretten var den allerherligste ostesalat, som var nem at gennemskue og reproducere, så den har jeg ofte siden serveret:

Auvergene-salat

1. læg strimler af grøn salat i en skål
2. skær lige dele Bleu d'Auvergene og Gruyèreost i terninger og put dem i
3. rist franskbrødsterninger (brødcrouton'er) på en pande og tilsæt dem
4. lav en god stærk olie-eddike-senneps dressing og smag den til med timian, rosmarin eller merian, hvidløg, peber, salt og en anelse sukker
5. hæld dressingen over

I stedet for Gruyère kan bruges Emmentaler eller en anden lidt tør ost, ligesom Bleu d'Auvergne naturligvis kan udskiftes med en anden god blåskimmelost.

Byen Rocquefort-sur-Soulzon ligger i departementet Aveyron, som ligger en tand sydligere end Auvergne. Selve byens beliggenhed (ca. 25 km. syd for skind- og handskebyen Millau) er lige syd for de naturskønne områder Gorges du Tarn og Cévennernes nationalpark. Roquefort ligger i et fladt og tørt højland, men byen er nok et besøg værd. Når man kommer til byen, mødes man af skilte overalt, som reklamerer for ostefabrikker, rundvisninger, salg af ost osv., og vi blev nærmest shanghajet til at bese den første ostefabrik, vi kom til: "Skynd dem, skynd dem, de kan lige nå at være med til rundvisningen!"

Det var den forholdsvis lille fabrik, Papillon, som står for 6% af osteproduktionen i byen, som vi aflagde besøg. Vi var lidt skuffede over, at det ikke var ostekældre af de dimensioner, som vi havde set billeder af i bøger om Frankrig, men jeg har til gengæld ladet mig fortælle, at rundvisningen på Société, som er langt den største af byens ostefabrikker, foregår fra en balkon, hvor man gennem glas kigger ned på arbejdet. Vi var i hvert fald anderledes tæt på ostene. Besøget startede med, at vi så en film om Papillon-fabrikken og de stolte familietraditioner, som lå bag. Filmen varede tyve minutter, og mens vi sad og så på filmen, sneg duften fra ostekældrene nedenunder sig langsomt op til vores sagesløse sanser. Derpå fulgte rundvisningen, som i og for sig var interessant nok – men lugten! Selv for drevne ostespisere var det næsten for meget. I kældrene, som faktisk er hulrum i klipperne, er der altid gennemtræk, en temperatur på 8° og en konstant luftfugtighed på 95% – og når man er svedig

---

Fakta

Der er idag 11 ostefabrikker i byen Rocquefort-sur-Soulzon, og de fremstiller til sammen omkring 17.000 tons ost om året. Mælken får de fra de 1,2 millioner får, som findes i området, men der skal også omkring 12 liter mælk til at fremstille en af de runde oste, som er 8 cm høj, med en diameter på 25 cm og en vægt på 2,5-3 kg. Den største af fabrikkerne er Société, som med sine 900 ansatte står for mere end halvdelen af byens produktion. De fremstiller alene årligt flere end 6 millioner oste, og i højsæsonen har de besøg af 3.000 turister om dagen.

efter en halv dags køretur i en bagende varm bil, hænger duften af de mange tusinde kilo ost på forskellige stadier af lagring godt ved. Lugten suger sig fra de klamme, fugtige gulve op i de udtrådte espadrillos, og man føler sig efter besøget, som slutter med smagsprøver, fedtet og ildelugtende i tøjet, håret – ja overalt, både indvendig og udvendig. Selv når man slipper ud i det fri, hænger lugten ved, man føler sig som en ost – "du er, hvad du spiser".

Vi havde endnu 30-40 kilometer tilbage af vores planlagte dagsrejse, men det var en drøj tur. Det var bragende varmt og midt på eftermiddagen, og selv om vi kørte med alle bilens vinduer rullet ned, kunne vi ikke slippe af med ostehørmen. Først efter at være blevet indkvarteret på Hotel Andrieu i den lille by Rivière-sur-Tarn, lykkedes det efter grundig badning at føle sig som menneske igen.

Et lille hjørne af ostelageret på Papillonfabrikken, hvor ostene ligger til modning på gamle træreoler

Roquefort-osten har været kendt i henved tusind år, og ifølge overleveringen "opfandtes" den på følgende måde: En ung fårehyrde sad i en klippegrotte (Cambalou nær Roquefort) og gumlede på et stykke fåreost, da en yndig ung hyrdinde passerede forbi. Han glemte alt om ostespiseriet og fulgte efter hende – og her fortæller beretningen intet om det videre forløb – men et par måneder senere kom han atter til hulen, men nu var hans ost overtrukket med en blå-grøn svamp. Den gode hyrde var dog ikke bleg for at genoptage det afbrudte måltid, og da han åbenbart fandt behag i ostens nye smag, gav han idéen videre, og den senere verdenskendt Rocquefort-ost var opstået.

Ikke langt herfra i byen Rivière-sur-Tarn (på vej ind i Centralmassivet i retning af de tidligere omtalte "gribbesteder") spiste vi vores middag i hotellets fortryllende have, hvor der var dækket op ved små borde under havens eksotiske træer, og vi var ikke mere rystede af dagens osteoplevelser, end at vi som hors-d'euvre fik en salat med Rocquefort. Måltidet startede i det dejligste solskin, hvor stillitserne vimsede omkring os i havens træer, men inden vi var nået til kaffe og Cognac, var fuglesangen forstummet, og nu var det flagermusene, som fløj omkring i den mørke have, hvor lamperne med stearinlys oplyste de små selskaber omkring bordene.. Det var en værdig afslutning på denne sanseoprivende dag. Hotel Andrieu hedder i dag Clos d'Is, men er stadig et anbefalelsesværdigt spisested med mange specielle retter – en af mine favoritter er en forret, som er en snegleanretning med en tyk cremet hindbærsauce og pyntet med friske hindbær!

10. Pestmuren

Forfatteren André Brink er afrikaaner, og han tilhører den hvide befolkningsgruppe, der har skabt den apartheid i Sydafrika, som han til stadighed kæmpede imod i sine bøger. Han har mærket konsekvenserne af sit forfatterskab i form af telefonaflytninger, husundersøgelser osv., men på grund af den meget store internationale opmærksomhed hans bøger har vakt, har han ikke nær de samme problemer som så mange andre forfattere, der har beskæftiget sig med raceproblematikken i Sydafrika. Men hvad har André Brinks forfatterskab nu med Frankrig at gøre? André Brinks bog *Pestmuren* (hans fjerde bog på dansk) handler om en hvid sydafrikaner, Paul, og hans farvede elskerinde, Andrea, som begge har vendt Sydafrika ryggen i håb om at skabe sig en ny tilværelse i Paris. Paul arbejder med en ide om at lave en film om middelalderens Europa under pestens hærgen, og Andrea rejser rundt i Provence for at finde egnede steder til filmoptagelserne. Det er ikke relevant at komme nærmere ind på bogens hand-

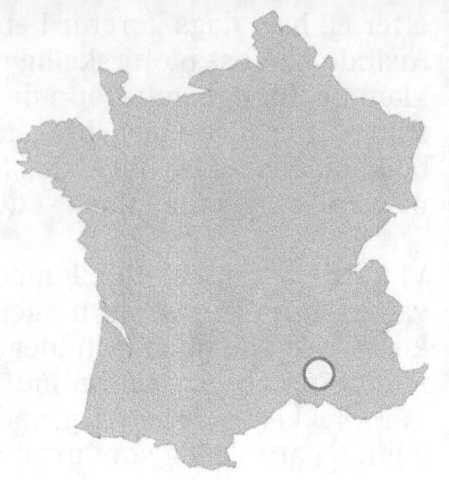

Mange steder i Sydfrankrig kan man se det smukke syn af blomstrende lavendelmarker, og den milde duft af lavendel hænger i luften. En gang kom vi forbi et sted, hvor de kogte lavendelolie, men det var den mest kvalmende stank, som kunne lugtes en kilometer væk. Vi ville egentlig have set lavendelkogeriet, men det opgav vi og skyndte os videre.

ling her, men det er på alle måder en spændende og velskrevet bog, som tager fat på apartheidproblemerne på en ny måde.

Pesten rasede i Europa i flere omgange, men den værste epidemi var nok den, som i 1720 spredtes fra Marseille. Den 25. maj dette år var der vældig fest i Marseille til ære for fyrsten af Modenas tilkommende brud, Mademoiselle de Valois, som her gjorde et ophold under rejsen til Genova, hvor det store bryllup skulle finde sted. Om aftenen anløb et skib Marseilles havn. Det kom fra det fjerne østen med silke, bomuld og mange andre eksotiske varer. Da der var nogle få syge søfolk ombord, kom skibet straks i karantæne, men uheldigvis havde en af sømændene nået at aflevere sit vasketøj til sin kone, som afleverede det på et vaskeri, hvor vaskekonen kort efter døde, og i løbet af ganske kort tid var pesten spredt over hele Marseille, så der sidst på sommeren døde flere end tusind mennesker om dagen. Pesten spredtes naturligvis også uden for byen, og langsomt men sikkert fik den frygtede sygdom tag i større og større dele af Sydfrankrig.

Folk følte sig magtesløse over for sygdommen, men i desperation forsøgte man på forskellig vis at beskytte sig, og i året 1721 byggede befolkningen i Carpentras i Provence en mur tværs igennem landskabet for at holde sygdommen ude fra deres område. De havde set, hvordan befolkningen i den lidt sydligere by, Apt døde som fluer, og da man intet kendte til pesten og dens måde at spredes på, vidste man intet bedre end at bygge denne mur – et par meter i højden og strækkende sig kilometer efter kilometer gennem Vaucluses højland. Det er vel unødvendigt at fortælle, at byggeriet var nytteløst, og pesten nåede snart Carpentras, hvor den gjorde et lige så dybt indhug i befolkningen som alle andre steder. Muren blev stående, efter at epedemien havde fået ende, men efterhånden som egnens befolkning fik brug for byggematerialer, var det naturligt for dem at tage sten fra muren, og på denne måde forfaldt muren. Det er denne mur, som har givet navn til André Brinks roman *Pestmuren* (The Wall of the Plague), og hovedpersonen, Andrea, finder da også frem til muren under sin research til filmen om pesten.

Et lille stykke af resterne af pestmuren.

Pestmuren er i og for sig ingen turistattraktion, for i et land med masser af minder fra romertiden, velbevarede triumfbuer, teatre, akvædukter og mange andre 2000 år gamle bygningsværker bliver en mur, som ikke er mere end et par hundrede år gammel, ikke regnet for noget – ingen omtale i guider og turistbrochurer – end ikke et lille skilt.

Normalt er man godt hjulpet med Michelins grønne

guidebøger, som beskriver seværdighederne i de forskellige egne af Frankrig (og hvoraf de fleste nu også er kommet på engelsk og tysk), men der er det irriterende ved dem, at hvis man har udset sig en seværdighed, som man vil besøge, kan man være sikker på, at når man når frem til målet, er der fyldt med franskmænd, danskere, englændere, belgiere og ikke mindst hollændere, som alle står med den grønne guide i hånden og ser på det samme. Selvfølgelig er der seværdigheder, man ikke må snyde sig selv for – hvem kunne tænke sig at besøge København uden at se Rundetårn? – men der er nu noget fascinerende ved at finde nogle seværdige ting mere eller mindre på egen hånd.

I romanen om pestmuren giver forfatteren flere steder oplysninger om muren og dens beliggenhed, og hvis man pusler disse spredte informationer sammen, får man dannet sig et billede af de desperate Carpentras-borgeres projekt. Forfatteren nævner også, at der ikke er ret meget tilbage af muren, men på en ferie på disse kanter besluttede vi os alligevel for at gøre et forsøg på at finde Pestmuren. I bogens brudstykker af oplysninger nævnes den lille by Roussillon, og vi valgte den som udgangspunkt for vores "ekspedition". Rousillon er en meget smuk by, og på dette sted er der så meget okker i jorden, at hele byen nærmest har farve som en tennisbane. Fra Roussillon fulgte vi vejen til en anden lille by, Murs, i hvis nærhed muren skulle befinde sig. Vi fandt en kirkegårdsmur og en mur rundt om en større gård osv., og vi kørte i den ene og den anden retning, men kunne ikke rigtigt få oplysningerne i romanen til at stemme overens med virkeligheden (og samtidig var vi ved at gå til af varmen i det tørre højlandsområde). Til sidst lykkedes det os dog ved lidt af en tilfældighed at finde muren. Der var ingen tvivl om, at det var Pestmuren vi stod overfor, selv om der ikke var meget tilbage af den engang to meter høje mur. Langt ud over markerne kunne vi følge murens forløb op og ned, men den var ikke meget mere end en meter i højden på de højeste steder, og mange steder var den næsten væk. Trods murens forfald var det en mærkelig fornemmelse at stå på dette sted, og man forstod pludselig befolkningens rædsel og afmagt, da de gik i gang med dette håbløse bygningsværk. Ydermere bragte besøget en ny dimension til romanen, som selvfølgelig skulle læses igen efter hjemkomsten til Danmark.

Vil man besøge pestmuren, skal man køre mod landsbyen Murs. Kommer man sydfra, skal man dreje til højre ad en lille grusvej umiddelbart inden man kommer til Murs. Der står ganske vist indkørsel forbudt, men det er tilladt at køre op ad vejen til et lille kapel, og det var netop her, vi fandt muren – i nordøstlig retning kunne man følge dens forløb langs kanten af en lille skov.

Man kan støde på rester af muren andre steder, og en anden gang kunne det være interessant at udforske murens forløb yderligere – men vi var ærligt talt fuldkommen dehydrerede og udmattede af varmen, så næste gang, vi vender tilbage til Vaucluses tørre højland, skal det i hvert tilfælde ikke være først på eftermiddagen og slet ikke i slutningen af juli måned.

8. Pétanque

En meget varm augustdag, hvor vi fra den storslåede middelalderby Carcassonne havde kørt gennem Languedoc-Roussillons vinområder, nåede vi til den lille by Cessenon-sur-Orbs, hvor vi fandt et hotel lige midt på torvet i den noget uddøde by.
Vi var godt trætte, og efter en udmærket middag på hotellet ville vi lige gå en lille tur i den lille by, inden vi gik tidligt i seng.
Den lille, halvkedelige by, vi var ankommet til, var ble-vet forvandlet til en sydende heksekedel, mens vi havde spist middag. Overalt var der mennesker, og man hørte hele tiden den karakteristiske lyd af en metalkugle, der rammer en anden. Der blev spillet boûles af nok omkring hundrede mennesker, og der var lige så mange tilskuere. Man var i gang med en lokal turnering, og på den ene af byens to fortovscaféer sad turneringslederne under platantræerne og fik en Pastis, mens de førte pointtavlerne, efterhånden som resultaterne af de enkelte kampe indløb. Dette var mit første egentlige møde med pétanquespillet, og jeg blev straks grebet af den helt specielle stemning – sport og konkurrence kombineret med hygge og afslapning – og vi kom bestemt ikke tidligt i seng.

Umiddelbart kan det være svært at holde styr på spillet, når man som her spiller på kryds og tværs på ikke afmærkede baner (åbne baner). Her er der faktisk 3 spil i gang i et lille hjørne af pladsen.

Der hersker blandt danskere en del forvirring omkring begreberne boûle, pétanque, boccia osv., men det er nu ikke så svært at udrede trådene.
Boccia holder vi helt udenfor, da det er et italiensk spil, selv om det har mange lighedspunkter med de franske.
Boûles betyder blot kugler og er en fælles betegnelse for de mange forskellige franske kuglespil, som i tidens løb har været mere eller mindre populære i de forskellige egne af landet.

I 2003 boede vi i en lille, meget idylliske bjergby, Mirabel i Ardèche.
Vi havde glædet os til at overvære en Boule-Lyonnaise turnering, som der hang opslag om alle vegne. Hele lørdagen havde de lokale afmærket baner overalt i byens snævre gader og drysset grus på asfalten. Men om søndagen blev det regnvejr, og så blev det hele udsat en uge – men da var vi rejst hjemad, så den oplevelse har vi til gode.

Pétanque er langt den mest udbredte variant af de franske kuglespil, men man har i tidens løb haft mange andre spil, som blev dyrket med stor lidenskab, oftest i enkelte egne af landet.
Når en franskmand snakker om boûles, så ved man godt, hvilket kuglespil, han mener – akkurat som når man herhjemme siger: "Skal vi spille kort?" – her ved vennerne også godt, om det er poker, whist eller sorteper, man snakker om. Boûles er altså et mere overordnet begreb.

Siden middelalderen har man spillet boûle i Frankrig. Oprindeligt var spillet mest udbredt blandt pøbelen og soldater, og der fandtes ikke andre regler end dem, man selv lavede. Det vides, at Karl den femte i 1300-tallet på et tidspunkt så sig nødsaget til at forbyde spillet blandt soldaterne, da de ikke koncentrerede sig nok om de militære opgaver, når de gik og kastede med kugler. Senere blev spillet mere udbredt, og op imod revolutionen hører man flere og flere sager om de fine folk, der følte sig generet af pøbelens spillen overalt på vejene, så ekvipagerne hindredes i deres kørsel.

Efterhånden kom der mere faste regler for boûlespillene, og der opstod forskellige spil som La Boûle en Bois, La Boûle des Flandres, La Boûle de Fort, La Boûle Parisienne, Vallboûle og i 1800-tallet de to omsiggribende former La Boûle Lyonnaise og Le Jeu Provençal. Midt i 1800-tallet stiftedes så den første boûleklub i Lyon, og de to sidstnævnte spil blev nu dyrket også på konkurrenceplan. La Boûle Lyonnaise havde selvklart sin store udbredelse i området omkring Lyon, medens Le Jeu Provençal dyrkedes i de sydligere egne, først og fremmest i Provence.

I 1907 kom så det sidste skud på stammen, nemlig Pétanque. Jules Le Noir, som boede i den lille middelhavsby La Ciotat ikke langt fra Marseille, var en meget dygtig spiller, som desværre led af rheumatisme. I Le Jeu Provençal er banen 25 meter lang, og man tager tilløb til kastet, så efterhånden som hans rheumatisme skred frem, kunne Jules Le Noir ikke længere være med. Han sad og så på de andre og skummede og bandede over ikke at kunne deltage, eller han stod for sig selv og kastede med sine kugler sammen med vennen Ernest Pithiot – på kort afstand og uden tilløb – og efterhånden begyndte andre at vise interesse for deres spil. Man ændrede nu lidt på de almindelige regler, så der skulle spilles på en kort afstande og med samlede ben, *"ped tanca"*, som det hedder på den provencalske dialekt. Vores ven Jules Lenoir var igen på banen. "Ped tanca" blev til Pétanque, og spillet har nu gået sin sejrsgang over store dele af verden.

Hvis man som turist ser på pétanquespillet, kan det være svært at forstå, hvordan de dog

I mine turneringskugler har jeg fået indgraveret navn – det er meget almindeligt – men man skal ikke regne med, at dem, der graverer på de franske kuglefabrikker kan finde ud af at skrive f.eks. "Ø." Jeg var heldig, idet jeg har fået en lang streg gennem et O, men jeg kender flere, hvor stregen går den gale vej eller vender lodret. Og at ERIK ender på "K" accepterer de ikke – det blev et "C"– man skal vel ikke tro, man er noget.

finder ud af, hvis tur det er til at kaste, hvordan de kender forskel på kuglerne osv., men det hele er ganske lige til, når man først kender det. Der er kun 10 regler i Pétanque, så det er enkelt at lære (naturligvis er der flere og mere detaljerede regler, når man dyrker spillet på turneringsplan). Spillerekvisitterne er tre metalkugler og en lille kugle af træ – "grisen". Desuden er et målebånd en god ting at have, men der kræves ingen specielle sko, hat, bukser, hjelm, briller, benskinner, skridtbeskytter og alt det, man kender fra andre sportsgrene.

Organisatorisk har der i tidens løb været en del bøvl i Frankrig mellem de forskellige grene af spillet, men siden 1945 har både provençalspillerne og pétanquespillerne været organiseret i FFPJP (Fedération Française de Pétanque et Jeu Provençal), og det internationale forbund hedder tilsvarende FIPJP (Fedération Internationale de Pétanque et Jeu Provençal). I dag er pétanquespillet udbredt langt ud over Frankrigs grænser.

I Danmark begyndte frankofile og franske immigranter at spille lidt pétanque rundt om i parker, og i 1986 var der nogle, der stiftede Dansk Pétanque Forbund. Efterhånden bredte det sig som en steppebrand fra Københavnsområdet og til hele landet. I DPF's 25 års jubilæumsår, 2011, var der over 70 klubber, og hertil kommer alle de folk, der spiller lidt på arbejdspladsen eller på skovturen, på camping-pladsen eller i kolonihaven – mere eller mindre organiseret, men uden at være medlem af en klub under DPF. I dag er DPF et velorganiseret forbund med sekretariat, hjemmeside, omfattende regelsæt og aktive klubber. Mange klubber er organiseret i DGI (eller både i DPF og DGI), hvor der afholdes mange stævner, både store og små.

I Frankrig afholdes vældige turneringer med store pengepræmier. Jeg var f.eks. i 1994 i Millau – en by på størrelse med Frederikssund. Her afholdtes en åben turnering med 6.000 deltagere! Turneringen varede 4 dage, og der blev spillet på ikke færre end 350 baner anlagt rundt omkring på stierne i byens park, dog med en "center court" med 16 "rigtige" baner med tribune og det hele til hovedkampene, semifinaler, finaler osv.

Finalen i herredouble i Millau 1994.

Den samlede præmiesum var 70.000 FFr (ca. 80.000 danske kroner) – men der afholdes også mange knap så prætentiøse turneringer rundt om i de franske småbyer.

I Danmark er det på et lidt mere beskedent plan, men der afholdes turneringer hver eneste weekend et eller andet sted i landet fra det tidlige forår til sent på efteråret – rangListeturneringer, landsturnering, danmarksmesterskab, kvalifikationsturneringer til EM og VM og mange andre turneringer og stævner.

Nu er pétanque jo ikke kun en turneringssport, for overalt hvor der er et stykke nogenlunde fladt jord eller grus, ser man franskmændene kaste deres kugler i ledige stunder, men skønt pétanquespillet har vundet vældigt indpas i Danmark, har franskmændene den klare fordel, at de gennemgående har bedre vejr om sommeren end vi. For selv om spillet er både sjovt og spændende, er det nu behageligere at spille på et bragende varmt sydfransk torv under platantræerne end at stå iført regntøj og gummistøvler og spille på nogle opblødte mudderbaner i Rødovre.

Vi kom som sagt ikke tidligt i seng den aften i Cessenon-sur-Orbs, og da vi endelig faldt i søvn i det uhyggeligt varme hotelværelse, var det stadig med lyden fra pétanquekuglerne i hovedet.

Pétanque er vist den eneste sport, som dyrkes på lige fod mellem mænd og kvinder og børn og voksne. Der er turneringer specielt for juniorer, for seniorer, for kvinder og for mixede hold, men i dagligdagen spiller alle sammen. Jeg har selv spillet mange turneringer sammen med min datter og min nevø, og jeg har også set hold, hvor tre generationer af samme familie spillede sammen.

Skulle man komme forbi den lille by Saint-Bonnet-le-Château i departementet Loire, kan man her se et spændende pétanquemuseum, og hvis man har fået lyst til at vide mere om pétanque, kan jeg anbefale min bog *"Bogen om petanque"* – udsendt på Lindhardt & Ringhofs forlag i 1999. Det er den mest omfattende bog på dansk om petanque omhandlende historie, teknik, taktik, udstyr, baner, regler, klubber, organisation og meget mere. Den er for længst udsolgt, men lån den på biblioteket.

12. Den gyldne Løve

Bevæger vi os helt vestpå, nærmer vi os Atlanterhavskysten og regionerne Aquitaine og Poitou-Charentes. Her finder vi ved Garonne-floden – lige før den løber sammen med Dordogne-floden og bliver til Gironde – den store by Bordeaux, som jo ikke mindst er kendt som hovedbyen i det store berømte vinområde af samme navn.

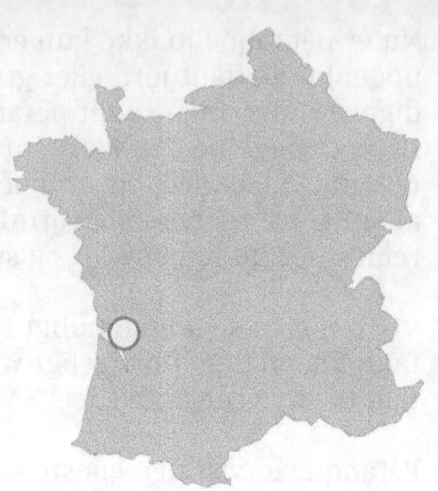

Bordeaux er den ottendestørste by i Frankrig (omkring 235.000 indbyggere), og der er meget at se på i denne by.

Området omkring Bordeaux er simpelthen det bedst tænkelige vindyrkningsområde, men til gengæld er landskabet måske ikke så spændende, ingen bjerge og vildsom natur, men et forholdsvis fladt og tørt område. Men ved Atlanterhavskysten både nord og syd for Garonnes udløb finder vi til gengæld nogle af landets allerbedste badestrande, og der udfolder sig da også et vældigt leben her.

Begiver man sig ud på Médoc-halvøen nordvest for Bordeaux, føler man næsten, at det er et vinkort, man sidder med, når man planlægger turen efter det gule Michelinkort. Hvert eneste bynavn er et navn, man lige så godt kunne finde på rødvinsflaskernes etiketter hos vinhandleren, og man bliver ganske opstemt, når man ser vejskilte med navne som Margaux, Listrac, Pauillac, St. Éstephe, Mouton-Rotschild osv. osv. – og det bliver ved på samme måde i alle retninger. På mange château'er kan man få lov til at smage på vinene, og selv om det er svært at få sig til at spytte de skønne dråber ud i de dertil indrettede bakker, bør man i hvert fald som bilist tænke på, at der er mange genstande, man kan nå at få indenbords i løbet af en tur i Médoc-området.

Vinslottene – château'erne – er meget forskellige, både hvad angår bygningerne og produkterne. Nogle er virkelig det, vi forstår ved slotte: store pompøse bygninger med tårne og spir og med prægtige portaler og indkørsler. Andre derimod er blot almindelige, små gårde, der dyrker vin. Nu skal dette jo ikke være en vinguide (dem findes der så mange udmærkede af i forvejen), men hvad enten man interesserer sig for de store, dyre vine eller de mere almindelige, kan man stadig gøre fordelagtige og interessante køb direkte hos producenterne. På et château smagte vi f.eks. en dejlig cru bourgeois-vin, som kostede noget under det halve af prisen i Danmark. Ydermere tilbød producenten os en rabat på 50%, hvis vi købte 60 flasker, og manden troede simpelthen ikke på os, da vi forklarede ham om de daværende danske toldregler. Han var sikker på, at vi var småtossede, da vi kun købte 2 af de lækre rødvine. Forøvrigt fylder 60 flasker også en hel del i en lille bil med 4 personer og fuld ferieoppakning.

På den modsatte side af Gironde tilbragte vi et par uger i en charmerende lille landsby Saint-Fort-sur-Gironde. Det er en herlig lille landsby, hvor der var en frygtelig larm: mejetærskerne drønede gennem byen, kirkeklokkerne bimlede, og om natten blev vi underholdt af slørugleungernes jamren fra kirketårnet – det lyder akkurat som småbørnsgråd. Højdepunktet var dog en lørdag, hvor der var bryllup i byen. Vi boede i et lille hus lige overfor rådhuset, som igen lå skråt overfor kirken. Vi lagde mærke til, at en hel masse mennesker stimlede sammen foran rådhuset, og efter et stykke tid kom de ud fra rådhuset og spadserede med brudeparret i spidsen over til kirken. Det var fornøjeligt at se alle disse glade, festklædte mennesker, men først da de igen kom ud fra kirken efter vielsen, tog det fart. I Frankrig har man den skik, at man kører med bilhornene i bund, når man kører bort fra kirken efter et bryllup, og i dette tilfælde drejede det sig om 25-30 personbiler, som – med brudeparrets vogn i spidsen – kørte rundt i landsbyen med tudende horn. Nu er St. Fort ikke særlig stor, så da den lange række af biler havde kørt nogle gange rundt i byen, brød trafikken uhjælpeligt sammen. Alle sad nu i bilerne, men blev naturligvis ved med at tude i hornene, men en af bryllupsgæsterne, som var i politiuniform, følte åbenbart pligten kalde, så han sprang ud af sin bil og begyndte at dirigere trafikken. Det skulle han dog aldrig have gjort, for ikke så snart havde han taget fat på sin færdselsregulering, før en anden af bryllupsgæsterne smed et kanonslag ind mellem benene på ham, så han hovedrystende men grinende opgav at opretholde ro og orden – og satte sig ind i bilen og trykkede hornet i bund. Til sidst lykkedes det dog optoget at komme ud af byen, som faldt til ro igen. En times tid efter var vi ude at køre en tur, og i nabobyen mødte vi hele optoget igen, så vi kunne deltage som gæsteoptrædende i hornkoncerten.

I St. Fort er der et enkelt spisested, le Lion d'Or (Den gyldne Løve), og vi ville naturligvis også teste den lokale restaurant. Vi havde bemærket, at der altid var mange mennesker i den ende, hvor slyngelstuen var, men da vi ville gå ind ad døren direkte til restaurantlokalet, viste det sig, at den var låst. Tjeneren kom straks farende og lukkede os ind, men det var tydeligt, at de ikke havde ventet at få spisende gæster, og slet ikke gennem denne indgangsdør, som vist aldrig blev brugt. Vi var da også de eneste i restauranten, og der kom heller ikke andre på noget tidspunkt af aftenen. Personalet var helt klart forbavsede over, at vi ville spise der, og de var da også kun i stand til at levere halvdelen af de retter, der stod på spisekortet. Vi fik dog sammensat en udmærket menu, som jeg ikke skal komme nærmere ind på – bortset fra den dejlige paté, vi fik som forret. Her så vi tilfældigvis ud af vinduet tjeneren løbe over til slagteren på den anden side af gaden, banke ham op, og lidt efter komme styrtende tilbage med en paté.

Vi fik en dejlig middag og en udsøgt betjening. Det sidste skyldtes dog ikke mindst, at mine ledsagere foruden min kone bestod af min datter og hendes veninde – et par sekstenårige piger med langt lyst hår og troskyldige øjne. Jeg kan absolut anbefale at medbringe sådan et par unge damer, hvis man vil have en 1. klasses betjening, undgå lange ventetider osv. Vores tjener var yderst beleven, selvom han slæbte træskoene, når han gik, og

alle mændene i slyngelstuen skulle da også på toilettet efter tur, så de havde et ærinde igennem restaurationslokalet.

Da vi var færdige med osten og desserten, kom selve stedets unge vært for at snakke med os, og måske for at give stedet lidt international atmosfære forsøgte han at udtrykke sig på engelsk. Han var dog nærmest hjælpeløs til engelsk, men det lykkedes os dog at forstå, at fordi vi boede i byen og var gæster på hans restaurant, ville han give en lille en til kaffen på husets regning, og imens stod tjeneren bagved ham og blinkede og gjorde tegn til mig, at jeg nok skulle få en ordentligt stor en til kaffen. Det holdt også stik, så jeg fik betydeligt mere cognac end kaffe. På regningen stod der med kejtet skrift:

Digestifs Le Lion d'Or og så prisen med ikke færre end 6 nuller. Oven i købet blev desserterne heller ikke skrevet på regningen.

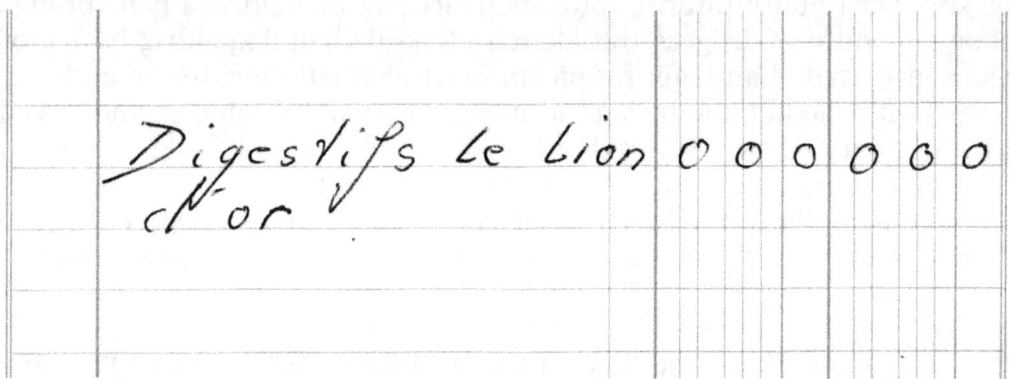

En digestif er det modsatte af en aperitif. En *aperitif* indtager man før måltidet for at berede maven (og ikke mindst sindet) på de forestående kulinariske oplevelser, hvorimod en *digestif* indtages efter måltiden for at hjælpe til med fordøjelsen og fremme det almindelige velvære.

Omkring et halvt hundrede kilometer herfra ligger byen Cognac, som bestemt er et besøg værd, men i modsætning til drikken cognac, som jo er verdensberømt, laves der i området også en anden drik, som ikke er nær så kendt, og som først i de seneste årtier har været til at få herhjemme. Den hedder Pineau des Charentes, og fremstilles af saften fra udsøgte, håndplukkede, friske druer, som tilsættes gammel cognac – lige dele af hver. Drikken lagres nu i mindst 5 år på træfade, hvorefter den elegante, gyldne drik er klar til at blive serveret som en kølig aperitif, til dessert eller sågar til ost. Alkoholstyrken er på omkring 18%, og i området omkring byen Cognac kan man flere steder være så heldig at få smagsprøver på denne skønne drik.

13. Postbud og kunstner

Ferdinand Cheval er i tidens løb blevet karakteriseret med så forskellige ord som *"det unyttiges mester"*, *"genial kunstner forud for sin tid"*, *"fanatisk religiøs galning"*, *"naiv filosof"* osv. – mange mennesker har taget stilling til denne mærkelige mand og hans endnu mere mærkelige livsværk, Palais Idéal du Facteur Cheval – Postbud Chevals idelle palads.

I mange guider er Palais Idéal slet ikke omtalt, da det af nogle blot regnes for en arbejdsom galnings værk, men hvis man vil have en oplevelse lidt ud over det sædvanlige på sin Frankrigstur, er det bestemt værd at gøre en omvej til den lille by Hauterives i departementet Drôme øst for Rhônedalen. Hvis man kommer nordfra fra Lyon, drejer man mod sydøst i Vienne (hvor man har set Augustus' Tempel, det romerske teater og mange andre spændende gamle og antikke bygninger) – herfra kører man til Beaurepaire og derefter sydpå til Hauterives. Kommer man fra syd, drejer man i Valence (eller i Tournon) fra og kører til Romans og så direkte nordpå til Hauterives.

Der er en stilforvirring uden lige i postbud Chevals "Palais Ideal".

Palais Idéal er 26 meter langt, 14 meter bredt og 12 meter højt, men det er egentligt ikke et palæ eller palads, for det er ikke en bygning til beboelse, men snarere et monument udstyret med trapper, balkoner og gange, og det er altsammen bygget i sten og cement af en enkelt mand, postbuddet Ferdinand Cheval, som levede fra 1836 til 1924.

Selve udførelsen er utrolig. Der er figurer fra en 30 cm lang dromedar til tre 6 meter høje Giacometti-lignende menneskefigurer, små indbyggede skulpturelle modeller af et hindutempel, et middelalderslot, en schweizisk hytte og søjler, tårne, spir, kupler, trapper, grotter, balustre, gesimser, gelændere, krukker, palmer, balkoner, gange, portaler osv. i alle afskygninger og med inspiration i alverdens religioner og kulturer. Alt i dette utrolige overflødighedshorn af udsmykning og smagsforvirring er udført i håndværksmæssig høj kvalitet og med en meget personlig teknik, der tydeligt bærer præg af, at det er den samme mand, der egenhændigt har bygget hver en stump.

Man kan se, at Ferdinand Cheval er en mand med en stålsat vilje.

Overalt er der inskriptioner med citater fra Cæsar, Archimedes, Buddha og alle mulige andre betydningsfulde personer, og ikke mindst med postbuddets egne visdomsord og filosofiske sentenser, som f.eks.:

- Efter døden er den svage og den stærke ligemænd
- For et tappert hjerte er intet umuligt
- Hjælp dig selv og himmelen hjælper dig
- Gud og fædrelandet er vore mestre, tjen dem, og de vil tjene dig
- Et liv uden mål er blot hjernespind
- Man må være stædig for at nå målet
- Livet er en kamp – Gud beskytter ånden
- Det er ikke tiden, der forsvinder – det er os
- Arbejdet er min eneste ære, æren er min eneste lykke.

Det tager meget lang til, hvis man skal studere alle de finurlige detaljer i Palais Idéal.

Ferdinand Cheval var oprindelig udlært bager, men arbejdede som landpostbud. Han havde i mange år haft en drøm om at bygge et eller andet blændende slot eller palads, men det nytteløse i projektet fik ham til at glemme denne drøm indtil 1879 (han var da 43 år gammel), hvor "skæbnen mindede ham om hans kald". Han stødte sin fod på en sten, og i denne sten så han pludselig mulighederne i stenmaterialet til at realisere sin gamle drøm.

Nu tilbragte landposten resten af sit liv med at bygge og udbygge Palais Idéal. Hver dag efter dagens postudbringning – en rute på 32 kilometer til fods – tog han sin trillebør og kørte med sten og cement til byggepladsen, hvor han selv var bygherre, arkitekt, murer, arbejdsmand og ikke mindst kunstner. Han arbejdede hver aften i 27 år på projektet i mindst 3 timer pr. dag – og ofte tog han en del af natten til hjælp. I 1906 betragtede han arbejdet som fuldført og indfattede sine redskaber og sin trillebør i en lille grotte med følgende inskription:

– Jeg – hans trillebør – har haft den ære at være hans arbejdsledsager i 27 år.

Han kan dog ikke nære sig for at fortsætte med at udbygge og pynte videre på bygningen, så i endnu 6 år fortsætter han arbejdet. Alt i alt menes der, at han har brugt 93.000 arbejdstimer i de 33 år, arbejdet stod på.

Resultatet af denne mærkelige mands anstrengelser er blevet et eventyrligt monument, som dagligt med undren betragtes af en del turister, som ikke kan undgå at blive fascineret af dette uanvendelige, mystiske, enestående stykke byggearbejde, udført af en stædig og arbejdsom mand.

Delvis sideløbende med bygningen af Palais Idéal byggede Cheval i sine sidste år et gravmonument til sig selv på kirkegården i Hauterives. Han brugte her den samme kunstneriske teknik med sten og cement, og her ser man tydeligt, at hans teknik er nået langt hen imod slutningen af hans liv.

Man bliver ikke færdig med Palais Idéal lige med det samme. Man kan blive ved med at finde noget nyt at kigge på, og hvis man først har besøgt stedet én gang, vil man komme igen for at gå på fornyet opdagelse efter detaljer på dette unikke og spændende sted.

Mange finder hans byggeri et smagløst sammensurium med hverken hoved eller hale, men man kan med lige så stor ret hævde, at postbudet var en genial kunstner, som var inspireret af naturens mærkelige sten og klipper og på mange måder var forud for sin tid med sit kunstneriske udtryk. Og hvis han var tosset – så tak for det.